Aquí se presenta otro libro de Daniels que mantiene las cosas auténticas, tal como ella es. Cruzarme en mi caminar con la apóstol Kim fue el enganche santo y un encuentro santificado que me hizo tornar hacia lo apostólico y profético. Siempre con una palabra fresca y en sincronismo con el latido del corazón del cielo, ¡la apóstol Kim es un increíble regalo para el Cuerpo de Cristo!

—Evangelista Shirley Murdock
Shirley Murdock Ministries

¡Devuélvelo! es literalmente un arma para cada creyente que desee ver avanzar el Reino de Dios. Estoy sorprendida por la revelación y perspectiva de Kim Daniels a medida que ella desvela y expone totalmente las estrategias y planes que el enemigo tiene contra el Cuerpo de Cristo. Kim Daniels proporciona información precisa y detallada sobre cómo erradicar al enemigo de nuestras iglesias, hogares y comunidades. *¡Devuélvelo!* no está basado en opiniones de personas; este libro está completamente basado y respaldado por pasajes de la Palabra de Dios. *¡Devuélvelo!* es un manual fácil de leer para cualquier persona que desee aumentar su efectividad espiritual para obtener resultados eternos.

—Pastora Riva Tims
New Destiny Christian Center
Orlando, FL

La apóstol Kim es una tremenda bendición para el Cuerpo de *Y'shua HaMashiach* [Jesús el Cristo], y verdaderamente enseña el corazón de Dios sin hacer concesiones. Personalmente la considero una *Tzaddik* (una persona verdaderamente recta). Una *Tzaddik* tiene el poder de reunir almas a fin de que sean renovadas. Ella posee la perspectiva espiritual para elevar a la gente en la Palabra y la oración, de modo que el poder y el reinado de Dios sean verdaderamente revelados. El crecimiento espiritual y un amor mayor por Dios son señales de un verdadero *Tzaddik*. Es en este espíritu que he experimentado la bondad de Adonai. Siempre soy transformado y renovado por medio de la fidelidad de ella. La apóstol Kim es un ejemplo vivo de un caminar recto en la verdad.

—Rabino Yisrael ben Avraham
HaMishkan (El Tabernáculo)

En esta oportuna y reveladora obra maestra, la apóstol Kim Daniels proporciona perspectiva espiritual y estrategias de intercesión que equipan a los creyentes para nuevas dimensiones de manifestaciones del Reino. Es una lectura obligada para quienes estén seriamente preparados para la victoria definitiva en la guerra espiritual.

—Obispo Harold Calvin Ray
Redemptive Life Fellowship
West Palm Beach, FL

Estoy impresionada y muy orgullosa del don que Dios ha puesto en esta poderosa mujer de Dios. Ella se ha disciplinado a sí misma y ha estudiado mucho para presentar un arma, en forma de libro, que posee todas las herramientas necesarias para desarmar al enemigo y destruir los planes que él ha hecho para su vida.

—Angie Winans
Cantante Gospel, compositora y escritora

¡Devuélvelo!

Kimberly
Daniels

CASA
CREACIÓN

La mayoría de los productos de Casa Creación están disponibles a un precio con descuento en cantidades de mayoreo para promociones de ventas, ofertas especiales, levantar fondos y atender necesidades educativas. Para más información, escriba a Casa Creación, 600 Rinehart Road, Lake Mary, Florida, 32746; o llame al teléfono (407) 333-7117 en Estados Unidos.

¡Devuélvelo! por Kimberly Daniels
Publicado por Casa Creación
Una compañía de Charisma Media
600 Rinehart Road
Lake Mary, Florida 32746
www.casacreacion.com

A menos que se indique lo contrario, el texto bíblico ha sido tomado de la versión Reina-Valera © 1960 Sociedades Bíblicas en América Latina; © renovado 1988 Sociedades Bíblicas Unidas. Utilizado con permiso. Reina-Valera 1960® es una marca registrada de la American Bible Society, y puede ser usada solamente bajo licencia.

Traducido por: *Belmonte Traductores*
Diseño interior por: *Grupo Nivel Uno, Inc.*

Library of Congress Control Number: 2007923550
ISBN: 978-1-59979-047-3
E-book ISBN: 978-1-61638-037-3

Impreso en los Estados Unidos de América

16 17 18 19 20 * 13 12 11 10 9

Índice

Dedicación

Dedico este libro al país más grandioso del mundo: ¡Estados Unidos! Necesitamos un viento fresco de avivamiento dentro de nuestras fronteras. El verdadero avivamiento solamente nace de los lomos de la intercesión. El Espíritu del Señor está levantando el estandarte para la oración en Estados Unidos. El enemigo ha llegado a Estados Unidos como un río, pero Dios mismo está vestido de batalla por causa de su Esposa. Estados Unidos, escucha la palabra del Señor en Isaías 59:

> He aquí que no se ha acortado la mano de Jehová para salvar, ni se ha agravado su oído para oír; pero vuestras iniquidades han hecho división entre vosotros y vuestro Dios, y vuestros pecados han hecho ocultar de vosotros su rostro para no oír. Porque vuestras manos están contaminadas de sangre, y vuestros dedos de iniquidad; vuestros labios pronuncian mentira, habla maldad vuestra lengua. No hay quien clame por la justicia, ni quien juzgue por la verdad; confían en vanidad, y hablan vanidades; conciben maldades, y dan a luz iniquidad. Incuban huevos de áspides, y tejen telas de arañas; el que comiere de sus huevos, morirá; y si los apretaren, saldrán víboras. Sus telas no servirán para vestir, ni de sus obras serán cubiertos; sus obras son obras de iniquidad, y obra de rapiña está en sus manos. Sus pies corren al mal, se apresuran para derramar la sangre inocente; sus pensamientos, pensamientos de iniquidad; destrucción y quebrantamiento hay en sus caminos. No conocieron camino de paz, ni hay justicia en sus caminos; sus veredas son torcidas; cualquiera que por ellas fuere, no conocerá

paz. Por esto se alejó de nosotros la justicia, y no nos alcanzó la rectitud; esperamos luz, y he aquí tinieblas; resplandores, y andamos en oscuridad. Palpamos la pared como ciegos, y andamos a tientas como sin ojos; tropezamos a mediodía como de noche; estamos en lugares oscuros como muertos. Gruñimos como osos todos nosotros, y gemimos lastimeramente como palomas; esperamos justicia, y no la hay; salvación, y se alejó de nosotros. Porque nuestras rebeliones se han multiplicado delante de ti, y nuestros pecados han atestiguado contra nosotros; porque con nosotros están nuestras iniquidades, y conocemos nuestros pecados: el prevaricar y mentir contra Jehová, y el apartarse de en pos de nuestro Dios; el hablar calumnia y rebelión, concebir y proferir de corazón palabras de mentira. Y el derecho se retiró, y la justicia se puso lejos; porque la verdad tropezó en la plaza, y la equidad no pudo venir. Y la verdad fue detenida, y el que se apartó del mal fue puesto en prisión; y lo vio Jehová, y desagradó a sus ojos, porque pereció el derecho. Y vio que no había hombre, y se maravilló que no hubiera quien se interpusiese; y lo salvó su brazo, y le afirmó su misma justicia. Pues de justicia se vistió como de una coraza, con yelmo de salvación en su cabeza; tomó ropas de venganza por vestidura, y se cubrió de celo como de manto, como para vindicación, como para retribuir con ira a sus enemigos, y dar el pago a sus adversarios; el pago dará a los de la costa. Y temerán desde el occidente el nombre de Jehová, y desde el nacimiento del sol su gloria; porque vendrá el enemigo como río, mas el Espíritu de Jehová levantará bandera contra él. Y vendrá el Redentor a Sion, y a los que se volvieren de la iniquidad en Jacob, dice Jehová. Y este será mi pacto con ellos, dijo Jehová: El Espíritu mío que está sobre ti, y mis palabras que puse en tu boca, no faltarán de tu boca, ni de la boca de tus hijos, ni de la boca de los hijos de tus hijos, dijo Jehová, desde ahora y para siempre.

—ISAÍAS 59:1-21 (ÉNFASIS AÑADIDO)

Este pasaje dice que no había intercesores para interponerse por lo que era correcto. Sé que este libro levantará intercesores por todo el mundo, pero lo dedico para que sea una fuerte llamada a los guerreros de oración dentro de las fronteras de los Estados Unidos. Cíñanse los lomos, levántense y avancen contra los espíritus de anticristo que gobiernan nuestro país. Confronten al enemigo y arrebaten lo que le ha robado al pueblo de Dios. Den el grito de batalla: "¡Devuélvelo!". Envíen el mensaje al enemigo: "¡Vas a ser derribado!". Él ya no tendrá dominio sobre los Estados Unidos. ¡Nuestra tierra será sanada! ¿Dónde comienza la sanidad? ¡Arrepentimiento! Escribo esta dedicación el día 14 de julio de 2006 (14/7/06). No creo que sea coincidencia. Lea 2 Crónicas 7:14 en voz alta, y comience a arrepentirse del pecado nacional colectivo.

Si se humillare mi pueblo, sobre el cual mi nombre es invocado, y oraren, y buscaren mi rostro, y se convirtieren de sus malos caminos; *entonces yo oiré* desde los cielos, y perdonaré sus pecados, y *sanaré su tierra.*

Los siguientes pasajes siguen mostrando el resultado de ese arrepentimiento. Lea estos versículos como una promesa por el arrepentimiento de Estados Unidos.

Ahora estarán abiertos mis ojos y atentos mis oídos a la oración en este lugar; porque ahora he elegido y santificado esta casa, para que esté en ella mi nombre para siempre; y mis ojos y mi corazón estarán ahí para siempre.
Y si tú anduvieres delante de mí como anduvo David tu padre, e hicieres todas las cosas que yo te he mandado, y guardares mis estatutos y mis decretos, yo confirmaré el trono de tu reino, como pacté con David tu padre, diciendo: No te faltará varón que gobierne en Israel.

—2 CRÓNICAS 7:15-18

Ahora observemos el resultado de una falta de arrepentimiento por parte de los Estados Unidos.

Mas si vosotros os volviereis, y dejareis mis estatutos y mandamientos que he puesto delante de vosotros, y fuereis y sirviereis a dioses ajenos, y los adorareis, yo os arrancaré de mi tierra que os he dado; y esta casa que he santificado a mi nombre, yo la arrojaré de mi presencia, y la pondré por burla y escarnio de todos los pueblos.

—2 CRÓNICAS 7:19-20

Los anteriores pasajes lo dicen todo. ¡Sabemos cuáles son nuestros pecados nacionales! Nuestras iniquidades nos han separado de nuestro Dios, y nuestras oraciones se han visto obstaculizadas. La buena noticia es que el Mesías mismo está interviniendo. Estados Unidos está entrando en un cielo abierto que ha estado cerrado en el pasado debido al pecado nacional colectivo. La justicia está avanzando y la rectitud está cerca de nosotros. La verdad ya no caerá en el forum de nuestra ciudad. Dios está situando a los llamados en posiciones de influencia política que tiene influencia en el espíritu. Ya está hecho; debemos tomar las ondas del aire en el espíritu y las votaciones en lo natural.

La autoridad natural y la espiritual están formando una cadena que atará los poderes de quienes odian a Dios. Ellos ya no gobernarán en las altas esferas en Estados Unidos. ¡Dios está liberando Ezequías espirituales que derribarán los lugares altos y restaurarán lo que han devorado las langostas! Esta restauración se extenderá a otros países cuando Estados Unidos sea avivado. ¡Estados Unidos es la punta de lanza de las naciones!

Cuando nos volvamos de nuestros malos caminos y salgamos de la oscuridad con respecto a las cosas del evangelio, eso tendrá un efecto dominó en el mundo. Que comience en Florida, ¡la primera costa donde se hicieron oraciones en Estados Unidos! Y tal como los profetas han hablado, yo lo confirmo: ¡Florida es la clave de la reforma en Estados Unidos! Se están abriendo puertas en el espíritu para restaurar nuestro legado espiritual. Debido a que las raíces de Estados Unidos son santas, los frutos serán santos. ¡Los sistemas de este mundo que desobedecen al Altísimo están siendo derribados!

Por favor, ore conmigo:

Padre Dios, en el nombre de Jesús sacamos de la unción de la sangre de los mártires que hicieron las primeras oraciones en nuestro país. Tal como su sangre clama desde la tierra, abri-

mos nuestros oídos para oír ese fuerte llamado. Nos ponemos en el lugar adecuado para restaurar aquellos que los seculares humanos nos han robado. En el nombre de Jesús, dedico este libro a que:

- *Sea restaurada la oración en nuestras escuelas públicas*
- *La anulación de Rowe vs. Wade a fin de que el legal derramamiento de sangre inocente cese en Estados Unidos, y ese estándar se extienda a otros países.*
- *Se haga ilegal el matrimonio entre personas del mismo sexo, las uniones civiles y las parejas de hecho desde los niveles más bajos del gobierno hasta los más altos.*
- *La justicia sea restablecida en nuestro sistema judicial.*
- *Que se trate con la corrupción en nuestro sistema de justicia criminal.*
- *Hombres y mujeres piadosos sean situados estratégicamente en puestos políticos clave en nuestro gobierno.*

AMÉN.

Hay poderosos principios en este libro. Es mi oración que a medida que usted lo lea, se ciña y se suba al muro para orar cosas que sean significativas para el Reino de Dios. Recuerde: si busca primero las cosas del Reino, Dios se ocupará de sus necesidades personales. Ciña sus lomos y prepárese para la guerra; ¡se está liberando un grito de batalla por todo Estados Unidos! Las fuerzas del Señor están marchando en sincronismo. Están saliendo de los viejos odres de la pasividad y avanzando a una nueva cadencia de mayor autoridad en el Espíritu que se manifestará en lo natural. Si yo estuviera en lugar de usted, no me dejarían atrás.

—APÓSTOL KIM

Prefacio

Yo me impliqué por primera vez en la guerra espiritual por medio de la liberación en los años ochenta. Durante los años noventa, Dios fue misericordioso al darnos más entendimiento sobre este importante tema. Fue durante aquel momento que conocí a Kim Daniels. Su odio por la maldad y su deseo de liberar a personas ha sido coherente; Dios ha continuado mejorando su entendimiento de la esfera espiritual, y este libro es de obligada lectura para quienes quieran ser más eficaces en la guerra espiritual eficaz.

Kim se ha convertido en una autoridad en los temas de liberación y guerra espiritual. Ha estudiado e investigado el material que hay en este libro con una profundidad que pocos otros han logrado. Ella es una voz que llama a Sión a levantarse y resplandecer; desafía a la Iglesia a entrar en un nuevo nivel de liberación y de guerra espiritual.

Kim Daniels aborrece la brujería y las obras de las tinieblas, y no escribe para exaltar al enemigo sino para exponerlo a la luz. Usted no puede ser eficaz contra el enemigo a menos que aborrezca la iniquidad y las obras malvadas de los demonios y los ángeles caídos. Debemos odiar al enemigo con un odio perfecto (ver Salmo 139:21-22).

Parte del material será nuevo para los lectores. La unción apostólica tiene una gracia pionera. Necesitamos pioneros que nos introduzcan a una nueva verdad y un nuevo territorio. Dios constantemente está mejorando nuestra revelación y entendimiento. Necesitamos profundizar más que antes. No tenga temor de profundizar y recibir mayores bendiciones. Este libro no es sencillamente teoría. He visto los resultados de la enseñanza de Kim en su propia vida y ministerio. La he visto entrar en nuevas esferas y bendiciones al hacer lo que enseña. Leerá usted sus testimonios personales de victoria y será alentado a hacer lo mismo. En este libro hay estrategias prácticas que tanto iglesias como individuos pueden aceptar para ver una mayor victoria. La revelación que hay en este libro se añadirá al arsenal del creyente y ayudará a expulsar al enemigo. Las vigilias del Señor están siendo restauradas; intercesores están tomando su lugar en la Iglesia; congregaciones apostólicas están siendo establecidas por todo el mundo. Ahora es el momento de ver el Reino establecido.

Este libro no solo le dará información, sino también impartición. Cuando leí el manuscrito, sentí una mayor unción y fe para la oración y la guerra espiritual. La enseñanza sobre los ángeles me desafió a ser más consciente del conflicto que arrecia en los cielos. Será usted desafiado a realizar más hazañas para el rey a medida que lea este libro. Llegarán victorias personales y colectivas a aquellos que pongan en práctica estas estrategias.

Desafío a los lectores a enseñar estos principios a sus congregaciones. Dios está llamando a las asambleas a un nivel mayor de guerra espiritual y de victoria. Las ciudades y regiones donde nos reunimos necesitan que cumplamos nuestro llamado como creyentes. Nuestros territorios serán bendecidos si nosotros caminamos en una mayor revelación. La revelación es la clave de la autoridad y la victoria espiritual. Jesús está edificando su Iglesia sobre la roca de la revelación, y las puertas del infierno no prevalecerán contra ella (ver Mateo 16:18).

Finalmente, oro para que la bendición de Dios esté sobre este libro. Es mi oración que llegue hasta los confines de la tierra, y que este libro llegue a las manos de las personas correctas y sea un terror para las obras de las tinieblas. Oro para que haya una bendición sobre todo aquel que lo lea y ponga en práctica las enseñanzas de este libro. Es mi oración que un espíritu de sabiduría y de revelación llegue sobre usted a medida que lea y estudie este material.

—JOHN ECKHARDT
APÓSTOL Y SUPERVISOR DE CRUSADERS MINISTRIES
CHICAGO, IL

NOTA DE LA AUTORA: John Eckhardt es mi padre espiritual y cobertura apostólica. Mi ministerio nacional no floreció hasta que me sometí a su cobertura; además, nunca había visto el ministerio profético al nivel en que los equipos del apóstol Eckhardt ministraban hasta que lo conocí. Al entrar en contacto con ellos, enseguida lo comprendí. Muchas personas me han preguntado sobre la unción profética que hay en mi vida; me preguntan cómo recibí formación y quién me enseñó a fluir. La respuesta a esas preguntas es fácil: el don vino de Dios, pero el ministerio de John Eckhardt encendió nuevos niveles de unción profética en mi vida. Puso en mí una demanda de avivar el don. Nunca he sido la misma ni personalmente ni en el ministerio desde que nuestros destinos chocaron.

Me siento honrada de tener las palabras de él en las primeras páginas de este libro. Los verdaderos apóstoles abren esferas en el espíritu que dan entrada a nuevas verdades. Intencionadamente he incluido solo unas cuantas oraciones de guerra espiritual en este libro porque mi apóstol escribió un libro, *Prayers that Rout Demons and Bring Breakthrough*, durante el mismo periodo en que se escribió este libro. Recomiendo encarecidamente ese libro para utilizarlo junto con la información que está usted a punto de leer. Puede solicitar información sobre ese libro y otros materiales del apóstol John Eckhardt llamando al 708-922-0983.

El alistamiento

Prestar juramento

Ser alistado significa ser situado o puesto formalmente en un puesto o función. A medida que lea usted este libro, es mi oración que si no ha sido alistado en el ejército del Señor, ¡este libro haga que eso suceda!

Cuando una persona es alistada en un ejército natural, lo es con el propósito de que reciba entrenamiento y sirva. La información que hay en este libro ha sido producida como resultado de mi experiencia en la guerra espiritual durante los últimos veinte años. Oro para que este libro se convierta en una herramienta que Dios utilice para equiparle y entrenarle para el servicio del Señor. Quiero que sea su manual de alistamiento en la guerra espiritual en nuestro siglo XXI. ¡Le ayudará a aprender a luchar contra el enemigo a la manera de Dios!

El Señor me ha bendecido con la experiencia de un extenso trasfondo militar. Cuando estaba en la Armada de los Estados Unidos, pasé por los distintos rangos a un ritmo increíble. En cuatro años fui ascendida a E-6, o sargento. Algunas personas se jubilan cuando alcanzan ese rango después de veinte años de servicio. Yo

1

atribuyo mi rápido ascenso en el ejército al hecho de que yo hacía lo que se me requería para cumplir los requisitos. Había requisitos previos para recibir un ascenso; aun cuando yo no cumplía con esos requisitos para el ascenso, me preparaba para cuando llegara el momento. Cuando cumplía con los requisitos para recibir un ascenso, el precio ya había sido pagado. El ascenso en el ejército está basado en las necesidades del sistema. En otras palabras, cuando había una demanda de mi rango y mi especialidad, el ejército ascendía a cierto número de soldados. Yo me aseguré de que cuando llegara mi turno, mis informes estuvieran en orden para declarar que yo cumplía los requisitos.

Este libro no es profundo. Es un manual de entrenamiento básico para quienes desean entender los principios fundamentales de la guerra espiritual. Muchas personas en el Cuerpo de Cristo quieren ser ascendidas en el área de la guerra espiritual, pero no se han tomado el tiempo para prepararse; no han cumplido con las especificaciones o los requisitos previos. Dios está dando una voz de alerta para que quienes están en la casa de la fe adopten una posición radical contra las artimañas del diablo. En el ejército, cuando se da una voz de alerta nadie, a excepción de los oficiales de más alto rango, sabe si esa alerta es para un entrenamiento o para la guerra real. El lema del ejército natural es estar "listos para el combate". En otras palabras, cada vez que se da una voz de alerta o un ejercicio de entrenamiento, los soldados deben estar preparados para responder como si fuera una guerra real.

Dios está llamando a su Iglesia a tener una mentalidad de "guerra real". Muchos cristianos citan al azar: "Las armas de nuestra milicia no son carnales", pero no caminan en la realidad de la "guerra real". Como resultado, las personas que aman a Dios se cansan de hacer el bien y adquieren una "mentalidad de esquivar los golpes". No están preparados para tratar con los obstáculos de la vida porque han tomado todas las cosas tal como vienen. No tienen un entrenamiento básico o avanzado en las cosas de Dios que les enseñe cómo confrontar a sus enemigos en victoria. Es mi oración que este manual le proporcione una base para estar preparado para la guerra espiritual del siglo XXI. En la guerra en la actualidad, los ejércitos naturales no utilizan catapultas y arcos y flechas como armas. Eso era correcto para la guerra en siglos pasados; pero hoy día los ejércitos utilizan armas nucleares. Yo estoy de acuerdo en que no hay nada nuevo bajo el sol, pero hay nuevas verdades que están siendo dadas a la Iglesia para la guerra espiritual en la actualidad. Esas cosas han estado ahí todo el tiempo, pero son nuevas para nosotros. No tenga temor de lo que es nuevo para usted. Permita que las revelaciones de este libro pongan una demanda en su espíritu de pasar al siguiente nivel. No puede usted seguir usando armas de tiempos pasados contra las tinieblas del siglo XXI.

La información que hay en este libro puede parecerle demasiado radical si está usted en una zona de comodidad. Si ese es el caso, le profetizo que salga de su zona de comodidad por el Espíritu del Dios Altísimo. Le desafío a sumergirse en las cosas más profundas de Dios. Comprendo que no todos son llamados a ser soldados de primera línea, pero le desafío a que realice las cosas básicas que son requeridas a todos los creyentes nacidos de nuevo. La Escritura dice:

> Y estas señales seguirán a los que creen: En mi nombre echarán fuera demonios; hablarán nuevas lenguas; tomarán en las manos serpientes, y si bebieren cosa mortífera, no les hará daño; sobre los enfermos pondrán sus manos, y sanarán.

¡Recuerde siempre que Marcos 16:17-18 da enseñanza básica fundamental para *el creyente llano!*

Los versículos dicen que los creyentes deben sanar. En griego, la palabra sanar en este pasaje de la Escritura es *anahephoh*, que significa: "volver a estar sobrio, recobrar los sentidos, recobrarse". ¿Cuántos hombres y mujeres de Dios han recibido flechas del enemigo y nunca se han recuperado? David recibió sus órdenes de marcha del Señor y recuperó todas.

Timoteo preguntó: "¿Cómo puede un obispo cuidar de la iglesia si no tiene gobierno en su propia casa?" (ver 1 Timoteo 3:5). Esto me trae a la mente una pregunta. ¿Cómo podemos, como la Iglesia, ganar el mundo si no tenemos gobierno en la casa de Dios? Creo que este libro es una clave para liberar el poder de Dios en nuestras casas y en la iglesia. La clave para orar por nuestras iglesias, comunidades y ciudades es permitir que el poder de Dios fluya sin estorbos a través de nosotros como creyentes llanos y corrientes.

Las revelaciones de este libro no están limitadas a aquellos que son llamados a la función de intercesores. Si ha sido usted comprado por la sangre de Jesús y está cansado de que el diablo se salga con la suya en su vida, ¡Dios quiere que usted se aliste para formar parte de su ejército especial! Cuando aceptamos a Jesús en nuestras vidas, automáticamente nos alistamos en el ejército del Señor. Muchos no lo comprenden, pero están en el ejército del Señor, lo acepten o no. No somos solamente *miembros* en la iglesia, sino también *soldados* para el Señor. Todo creyente nacido de nuevo es llamado a hacer guerra espiritual.

Dios nos está llevando a ir más allá de "la diestra de compañerismo" (Gálatas 2:9), ¡y está enseñando a nuestras manos a hacer guerra! Quiero tocar su espíritu y ponerme de acuerdo con usted en que Dios inundará su corazón de revelación por medio del contenido de este libro. Con esa inundación tendrá usted un mejor entendimiento de la esperanza de su llamado. Recuerde: aunque andamos en la carne, nuestra guerra no es contra la carne.

Después de que yo me alistara en el ejército, hubo un periodo de gracia antes de que comenzaran en realidad las obligaciones activas. Muchas personas hacen compromisos con Dios pero nunca se presentan para las obligaciones activas. Los beneficios que se otorgan a un soldado no pueden recibirse hasta que él o ella reciban un estatus militar de obligación activa. ¿Cuál es su estatus como soldado de Dios? ¿Ha prestado juramento pero no ha sido activado en las cosas de Dios? Permita que el contenido de este libro le active, para que al final no esté usted ante el Comandante en Jefe de la creación con su tarea sin hacer.

Haga esta oración de pacto conmigo:

Padre Dios, en el nombre de Jesús ato todo espíritu susurrante y voz extraña que quiera interponerse en mi entrenamiento para la guerra espiritual. Mi mente está centrada en la tarea de finalizar este libro y obtener lo que Dios quiere que obtenga de él. Tomo autoridad sobre los espíritus de imaginación y de exageración, y declaro que los ojos de mi entendimiento están abiertos. Ataduras mentales y vendas de los ojos son arrancadas y atadas para siempre.

También ato a los espíritus de pereza, sueño e inercia demoníaca para que no hagan que tenga sueño cuando lea este libro. Toda distracción está bajo mis pies, y todo espíritu de duda no tiene lugar. Es mi propósito entrar en la verdad no adulterada de la Palabra de Dios. Estoy abierto a nuevos niveles de guerra espiritual en mi vida. Los espíritus que causarían "el temor a lo desconocido" quedan fuera de mi mente.

Mi espíritu está abierto a estar de acuerdo con las revelaciones de este libro que den testimonio junto con el Espíritu Santo. Renuncio a todo espíritu religioso y familiar que pueda tener influencia en la manera en que recibo.

Espíritu Santo, te doy permiso para desprogramar mi modo de pensar sobre cualquier cosa que haya limitado las obras mayores de Jesucristo en mi vida. Me comprometo a andar en la unción del creyente de los últimos tiempos. Toda mentira y fortaleza que haya edificado muros contra la verdad en mi vida, es derribada, en el nombre de Jesús. Los velos y las escamas son quitados de mis ojos a fin de que mi entendimiento no sea obstaculizado.

Señor, te doy gracias porque las palabras de este libro afilarán mi espada y darán peso a mi esfera de influencia en el Espíritu. Esta influencia espiritual afectará a todas las áreas de mi vida y dejará una huella en todas las cosas en las que yo ponga mi mano en el arado para hacerlas. Esta influencia espiritual también ungirá mis pasos, por donde mis huellas liberarán una fuerza centrífuga en la tierra que confirmará el dominio de Cristo en mi vida. Me comprometo con la verdad y creo que en cada área de mi vida seré hecho libre. Esta libertad impregnará mis lomos y reproducirá libertad en las vidas de otros. ¡Me alisto para ser activado para el ejército del Señor!

Capítulo uno

La misión

Poseer las llaves

Ahora que se ha alistado, debe entender el fundamento de la misión. El latido del corazón de Dios es liberar por completo a quienes han estado bajo los grilletes y las cadenas del enemigo. La Palabra de Dios afirma que la unción viene sobre nosotros para hacer varias cosas:

> Predicar buenas nuevas a los abatidos...
> Vendar a los quebrantados de corazón,
> Proclamar libertad a los cautivos,
> Y a los presos apertura de la cárcel.
>
> —Isaías 61:1

Cuando leo este pasaje del libro de Isaías, en mi espíritu oigo una palabra: *aprisionar*. Aprisionar significa "sujetar a alguien con grillos, cadenas, etc.; atar o sujetar con fuerza a alguien o algo, privándolo de libertad de movimiento".

Cadena significa "opresión o poder absoluto para controlar", y *sujetar* significa "someter al dominio, señorío o disposición de alguien". Quien toma dominio tiene el poder de usar y disponer de lo suyo. Este proceso lo explica el Evangelio de Mateo:

> Cuando el espíritu inmundo sale del hombre, anda por lugares secos, buscando reposo, y no lo halla. Entonces dice: Volveré a *mi casa* de donde salí; y cuando llega, la halla desocupada, barrida y adornada. Entonces va, y toma consigo otros siete espíritus peores que él, y entrados, moran allí; y el postrer estado de aquel hombre viene a ser peor que el primero. Así también acontecerá a esta mala generación.
>
> —MATEO 12:43-45 (ÉNFASIS AÑADIDO)

El espíritu inmundo en este pasaje se refiere a la persona como "mi casa". Satanás nos considera su pertenencia (su posesión). "Mi" se define como "perteneciente o en posesión de". Tener *posesión* significa "ocupar expulsando a los inquilinos y tomando su lugar". Dios le dijo a Adán que "tuviera dominio" (Génesis 1:26), lo cual significa gobernar sobre un territorio. También les dijo a Moisés, Josué y Caleb que fueran y poseyeran la tierra (ver Deuteronomio 1:8 y Josué 1:1-11). ¿Puedo decir con seguridad que la raíz de la guerra espiritual es la *posesión*?

A lo largo de la Historia, los países que tomaban posesión y ocupaban han sido las principales potencias mundiales. Me gustaría hacer una fuerte afirmación que puede que hiera susceptibilidades religiosas, pero prefiero herir susceptibilidades religiosas a que Dios hiera las mías. *¡El objetivo final de Satanás es poseer!* Él no solo quiere tomar prestadas nuestras almas; es un malvado tirano y un duro capataz, y anhela tener el control total. El diablo quiere hacer algo más que demonizarlo; quiere el control total de su cuerpo. Es un malvado arrebatador de cuerpos. En la búsqueda de usted por obedecer a Dios como un guerrero de oración, no se convierta en una víctima o en un prisionero de guerra. Sea libre y permanezca libre, porque su guerra espiritual irá solamente tan lejos como su libertad.

¿No sabéis que si os sometéis a alguien como esclavos para obedecerle, sois esclavos de aquel a quien obedecéis, sea del pecado para muerte, o sea de la obediencia para justicia?

—Romanos 6:16

Un esclavo es una posesión. Los esclavos no toman decisiones por sí mismos; solamente hacen lo que sus amos les dicen que hagan.

Tengo una palabra de precaución para usted en la guerra espiritual: Cuando haga guerra, no les de a los demonios un *respiro* o un *descanso* eligiendo bonitas palabras para evitar molestar a quienes no entienden. No se rinda a que el diablo haga su voluntad; las cosas que tratamos de evitar, ocultar o hacer bonitas en la iglesia pueden en realidad atarnos al enemigo.

La Biblia se refiere a la palabra *servidumbre* como un yugo. El enemigo controla el yugo. Satanás está llevando las riendas del yugo. La única manera de tratar con un yugo es mediante la destrucción total. El Reino de Dios sufre violencia (Mateo 11:12). *Violencia* en griego es *biazo*, que significa "controlado por la fuerza". Muchas veces las circunstancias y situaciones nos obligan a pasar a niveles de guerra espiritual en los que nunca podríamos haber imaginado estar. Esta fuerza en realidad obra por nosotros, porque nos catapulta a nuevos ámbitos de autoridad. Esa autoridad causa que hagamos una transición y pasemos de ser *los controlados* a ser *el controlador*. Cuando controlamos, tomamos posesión de las cosas mediante autoridad legal.

La Biblia declara que cuando reconocemos a un ladrón, él tiene que restituir siete veces lo que haya tomado (ver Proverbios 6:31). Esto significa que debido a los asaltos que el enemigo ha lanzado contra nosotros, llegamos a estar calificados para caminar en una nueva autoridad legal. El diablo tiene que hacer restitución, y nosotros obtenemos lo que se nos robó en victoria divina. Cuando tomamos por la fuerza, obtenemos una restitución siete veces mayor. Por otro lado, si nos quedamos sentados y permitimos que el diablo entre en nuestras vidas, se vuelve siete veces peor.

Mateo 12:45 habla de una "generación malvada". Esta generación malvada es la generación de los que están poseídos por el demonio. Son personas que han pasado por círculos viciosos una y otra vez. Este pasaje nos advierte que si somos liberados y permitimos que regresen demonios a nuestras vidas, la atadura será siete veces peor. Con frecuencia denomino a este principio espiritual "siete y siete". Podemos recuperar lo que el enemigo ha robado y recibir siete veces más, o podemos ser pasivos y llegar a estar siete veces peor. En griego, la palabra malvado es *poneros*, y está muy relacionada con la palabra *poneria* ("maldad espiritual en los lugares celestiales" [Efesios 6:12]). *Poneros* significa "estar totalmente bajo la influencia del diablo". La interpretación en griego muestra que el estado de esta generación malvada está arraigado en la degeneración. Esta generación es descrita como viciosa y enferma; su estado es contagioso, y liberan veneno que afecta a todos aquellos con los que están en contacto.

¿Por qué estoy explicando los principios de la degeneración espiritual? La degeneración tiene que comenzar desde un lugar positivo o seguro. Las personas que nunca generaron no pueden degenerar. La degeneración puede suceder fácilmente cuando una persona intenta sumergirse en las cosas más profundas de Dios sin tener raíz en sí misma. Líderes que han sido usados poderosamente por Dios están cayendo al borde del camino. Debemos entender que a quien mucho se le da, mucho se le demanda (Lucas 12:48). Revelación, poder y autoridad en el Espíritu son cosas buenas; pero, por otro lado, sin un estilo de vida disciplinado y un compromiso a vivir en santidad, esas cosas pueden ser una trampa para el alma.

La fuerza de cualquier unidad del ejército está en la disciplina de sus soldados. Nos esforzamos por obedecer a Dios, pero el precursor de la obediencia es un espíritu disciplinado. La única manera en que podemos tener un espíritu disciplinado es ser un discípulo que está sujeto a las cosas del Espíritu. ¡Usted es parte de un sacerdocio santo! Para rendirse totalmente a Dios en intercesión y guerra espiritual, debe estar dispuesto a vivir la vida del sacerdocio. El sacerdocio del que hablo no es uno de primeros asientos, bonitos autos, popularidad y fama; este sacerdocio es uno de persecución, rechazo y separación; cosas que no pueden vencerse sin disciplina espiritual. Como soldados en el ejército del Señor, debemos aprender cómo edificar en el Espíritu.

Antes de que nada pueda edificarse, antes debemos sentarnos y considerar el costo. Lucas 14:28 nos advierte que primero debemos reconocer nuestra suficiencia para poder terminar. Eso significa que debemos saber lo que se necesita para terminar. Si no tenemos esa seguridad, la Biblia dice que los hombres se burlarán de lo que comenzamos porque no lo terminamos (Lucas 14:30). Muchos comenzaron con valentía en la guerra espiritual y, sin embargo, sus ministerios se convirtieron en una burla, pues ellos no tenían lo necesario para terminar. ¡Este libro le equipará para terminar! La maldición del "no bastante" y el "casi" no gobernarán en su cabeza. Usted terminará porque se le han dado las llaves; ¡úselas para traer el cielo a la tierra!

ADMINISTRACIÓN DE LAS LLAVES

Y yo también te digo, que tú eres Pedro, y sobre esta roca edificaré mi iglesia; y las puertas del Hades no prevalecerán contra ella. Y a ti te daré las llaves del reino de los cielos; y todo lo que atares en la tierra será atado en los cielos; y todo lo que desatares en la tierra será desatado en los cielos.

—MATEO 16:18-19

La palabra griega para llaves es *klice*, y se define como aquello que abre y cierra. Las llaves de las que Jesús habla en Apocalipsis 1:18 y Mateo 16:19 tienen la misma connotación. Basándonos en esto, podemos decir que se nos ha dado el poder de abrir y cerrar cosas en la tierra. Esas llaves deben usarse con sabiduría y unción. Algunos cristianos han usados sus llaves con ignorancia y están viviendo bajo un cielo cerrado; por otro lado, algunos no han usado en absoluto sus llaves. Una llave que nunca se usa no tiene efecto. ¡Las llaves representan la capacidad de entrar y tener autoridad! Una persona que no sabe cómo usar las llaves que Jesús le ha dado no tiene autoridad ni capacidad para entrar en lo que Dios tiene para él o ella.

Cuando las llaves se usan, deben ser estratégicamente puestas en su lugar. Aun cuando se usa una llave en lo natural, hay una cierta manera de insertarla en la cerradura. Si alguien trata de meter una llave en una cerradura de lado o boca abajo, no encaja. Igualmente, debemos tener las estrategias del Espíritu Santo para usar las llaves que Jesús nos ha dado. Junto con esa estrategia, necesitamos madurez y sabiduría. ¿Puede imaginarse a un niño de cinco años sentado en el asiento delantero de un auto con las llaves para conducirlo? Ese niño no es lo bastante maduro para conducir un auto.

Ese es el caso con algunos creyentes. Debido a que siguen tomando leche, son como niños con las llaves de un auto cuando se trata de la guerra espiritual. Por eso es importante que en algún momento a las personas se les quite lo que Pablo denomina "leche espiritual" (1 Corintios 3:2). La leche es estupenda para los niños hasta cierta edad, pero después de que los niños comienzan a tener dientes, necesitan comer carne. La información de este libro se ha escrito con madurez y sabiduría para capacitar a los creyentes para dejar la leche e hincar sus dientes en principios sólidos de oración de guerra espiritual. Mi visión es enseñar a las masas cómo embarcarse en la guerra espiritual y terminar en victoria. Cuando el pueblo de Dios ganaba batallas en la Biblia, salían con el botín de sus enemigos. Cuando usted ata al hombre fuerte, ¡SE LLEVA SUS COSAS!

La Biblia declara con claridad que hay camino que al hombre le parece recto pero su final es muerte (Proverbios 14:12). Es una empresa mortífera utilizar de modo ignorante las llaves que Jesús dio. Dios dijo: "Mi pueblo es destruido por falta de conocimiento" (Oseas 4:6). El sistema espiritual de atar y liberar debe operar de acuerdo al plan de Dios para producir su pleno potencial. Atar es *deo* o *deomai* en griego, que significa crear un lazo que es imposible de desatar mediante la oración. La palabra *liberar* en griego es *luo*, y significa romper la barrera o lacerar (hacer una abertura). La liberación espiritual no consiste solamente en "enviar"; también conlleva derribar las fortalezas que Satanás pone entre nuestra promesa y nosotros. Después de que hayamos atado la operación demoníaca, debemos liberar la promesa. *Luo* significa causar una liberación que da lugar a un avance.

Para nuestros propósitos, tomaremos nota de las tres definiciones diferentes de la palabra *llaves*:

1. "Tener acceso" – Un *lugar* que está situado en una posición como para dar control de una región.

2. "Saber" – Un *pensamiento* que trae revelación y resuelve respuestas a preguntas.

3. "Controlar" – *Algo* que físicamente permite a alguien entrar o dejar fuera.

Todas las definiciones anteriores tienen una raíz en común: *autoridad*. El solo deseo del enemigo es *tener acceso, saber* y *controlar*, pero Dios nos ha dado esas cosas a nosotros. Tenemos lo necesario, y por eso el diablo quiere lo que nosotros tenemos; él no tiene la capacidad de terminar, porque automáticamente pierde al final. Así que ve que estas llaves son especiales; nos dan poder sobre las tinieblas. Si no las usamos, ¡las perderemos!

Cuando se trata de guerra espiritual, hemos estado perdiendo terreno en el Espíritu durante demasiado tiempo debido a la ignorancia. Debemos situarnos para estar firmes contra las artimañas de las tinieblas en los últimos tiempos. ¿Cómo podemos estar firmes contra las artimañas del enemigo cuando somos ignorantes de sus maquinaciones? La Biblia declara que no deberíamos ser ignorantes de las maquinaciones del maligno (2 Corintios 2:11). Por tanto, si hemos sido ignorantes, ¡hemos estado en pecado!

Llegar a ser consciente de las maquinaciones de Satanás es un tipo especial de libertad. Es la libertad que Pablo experimentó cuando dijo que él no estaba simplemente dando golpes al aire sino que tenía un enemigo concreto (1 Corintios 9:26). ¿No es estupendo saber que no ha estado usted tropezando? No ha perdido el juicio, porque la esfera espiritual es tan real como la esfera natural.

La Palabra de Dios pronuncia que a quien mucho se le da, mucho se le pide (Lucas 12:48). Vivimos en un tiempo en que todo el mundo quiere tener autoridad; ¡todos quieren estar al mando! Cuando Dios delega autoridad, hay una estricta responsabilidad. Lo primero que un embajador del Señor debe hacer en esa autoridad es separarse de cualquier cosa que coincidiera con las tinieblas. Se nos advierte en la Palabra que no nos conformemos al mundo. El prefijo *con* significa trabajar con o estar en acuerdo con. No podemos salir contra Satanás y estar en acuerdo con él al mismo tiempo.

Dios nos manda que no demos lugar (acceso) al enemigo (ver 1 Timoteo 5:14). ¿Cómo le damos lugar al enemigo? Una de las mejores maneras de dar lugar al enemigo es descuidando el uso de la autoridad que Dios nos ha dado para "estar en la brecha" (Ezequiel 22:30). Si no nos ponemos en la brecha por nuestra costa, los demonios nos desplazarán y controlarán nuestros destinos.

Capítulo 2

Transmisiones demoníacas

Un ejército sin una comunicación eficaz será derrotado. Cualquier fuerza antagonista contra un ejército intentará infiltrarse en el sistema de comunicaciones de ese ejército. El diablo intenta bloquear nuestra comunicación con los cuarteles generales del Espíritu Santo por medio de ataques espirituales para cautivar la mente. Cuando la mente de una persona es cautivada, ha sido encantada por espíritus seductores y secuestrada. Finalmente, la atención de esa persona queda redirigida.

La cautivación es el secuestro de la mente de manera engañosa. Debido a que la mente tiene la capacidad de enviar transmisiones al cuerpo para decirle qué debe hacer, el enemigo se infiltra en ella. Su objetivo es tener campo libre en el cuerpo. Para ser libre de la cautivación del diablo deben romperse las potestades de la transmisión demoníaca. Cuando eso sucede, la conexión de la mente a su control queda rota.

¿Cómo se comunica el diablo con nosotros? Veamos las transmisiones del círculo de comunicación demoníaca.

Ciclo de comunicación de Satanás

REMITENTE: Diablo

1. IDEA
—Imaginación
—Trama del enemigo

2. CÓDIGO
El medio o canal que el enemigo usa para enviar el mensaje puede ser una persona, lugar o cosa.
Usará algo que:
  —Esté disponible
  —Sea alcanzable
  —Sea accesible

3. TRANSMISIÓN
El enemigo hace que el mensaje se reciba (hecho a su medida)
—Palabras correctas
—Material de apoyo
—Tono de voz

7. RESPUESTA
Lo único que debería devolver es la Palabra. ¡Haga que el diablo la tome!
La respuesta positiva mejora o da poder a lo que se envió.
¡La respuesta negativa rompe el círculo de transmisión!

RECEPTOR: Usted

6. ENTENDER
No puede estar de acuerdo con lo que el diablo envía a su mente. ¡Tenga esta actitud!
—No recibo esto
—No puedo ver esto

5. DECODIFICAR
—Desglosar, discernir
—¿Qué significa esto?
—¿De quién provino?
—Interpretación de lo que sucede en realidad

4. RECIBIR
Captar la atención de; exponer, dar a conocer

Esta ilustración del círculo de comunicación tiene dos propósitos:

1. Ayuda a los creyentes a entender cómo rechazar los pensamientos demoníacos al comienzo del ataque contra la mente.

2. Proporciona una estrategia para enviar toda negatividad y maldiciones que han madurado en las vidas de los creyentes de vuelta al punto de origen.

Debe usted entender que cuando el enemigo envía pensamientos negativos a su camino, es un ataque literal contra su mente. Usted no puede restar importancia a esos ataques. El primer paso de liberación de esas tácticas de comunicación es desarrollar la capacidad de reconocer pensamientos que no sean de Dios. Usted debe identificar esos pensamientos y enviarlos de vuelta de inmediato; no deben ser codificados en su mente. ¡No le dé lugar al enemigo! No trate de discernir o imaginar locos patrones de pensamiento que el diablo envíe a su mente. ¡No entretenga pensamientos extraños! Derribe toda imaginación en su comienzo, y no habrá transmisiones demoníacas en su vida.

Recuerde que existe una diferencia entre su *mente* y sus *pensamientos*. Su mente es el vehículo, y sus pensamientos son lo que usted permite que entre en su vehículo y lo conduzca. ¡No monte a extraños para que conduzcan en el vehículo de su mente! No tiene que ser liberado de lo que haya derribado en un principio.

En otras palabras, en la guerra espiritual expulsamos personas que deberían haber sido expulsadas en un principio. El enemigo quiere usar nuestras mentes como su campo de batalla, y continuará lanzando ataques. No importa lo que alguien le diga, el diablo desea controlar su alma; no solo quiere un paseo en su vehículo, sino también estar en el asiento del conductor de su mente, voluntad, intelecto y emociones.

¡Los demonios quieren entrar en nuestras vidas y descansar! Recientemente estaba yo ministrando liberación a un joven que estaba atado por brujería generacional en su familia. Los demonios comenzaron a gritar en él en el servicio del domingo en la noche. Yo he oído a demonios hablar por medio de personas, pero aquella noche mi alma se agitó. Las palabras que el demonio habló a través del joven me dejaron perpleja, pero cuando busqué al Señor las cosas se aclararon. El demonio dijo: "¡Me has despertado de mi sueño!". Aquel joven tenía una hermosa familia, pero no podía deshacerse del deseo de abandonar a su familia e irse a las calles. El hombre fuerte en su vida, que era el espíritu de muerte, había tomado residencia en su vida hasta el punto de que aquel espíritu estaba cómodo y descansando.

La noche antes del servicio en la iglesia, un espíritu que se parecía a la muerte había entrado en el cuarto de aquel joven. El joven testificó que el hedor del azufre entró en su cuarto. Siempre que el hedor del azufre se manifiesta en la esfera natural, las puertas del infierno se han abierto para realizar una tarea. Ese incidente hizo que él acudiera a la iglesia.

El día en que él llegó a nuestra iglesia fue durante la semana de la Pascua. Yo declaré "liberación de Pascua" sobre él, y el equipo ministerial oró por él. El demonio que estaba durmiendo en su vida fue despertado, ¡y lo expulsamos! Si permitimos que las transmisiones del enemigo entren en nuestros pensamientos, eso les dará descanso a los demonios.

Hay dos componentes principales del círculo de comunicación:

- El envío (transmisión)

- La recepción

En el caso del círculo de comunicación, el diablo es el remitente y la mente humana está en la posición de receptora. ¡Dios nos dio una voluntad! Tenemos la capacidad de tomar autoridad sobre las ondas de nuestras mentes permitiendo al Espíritu Santo que sea el controlador de tráfico aéreo. El diablo es un terrorista espiritual, y siempre está buscando entrada a los cuarteles generales del cuerpo: ¡la mente! La manera más productiva de tratar con el terrorismo es bloquear todo punto de entrada posible y destruir los planes del enemigo en sus comienzos. Por eso debemos tener la mente de Cristo, pues es una salvaguarda contra el terrorismo mental. La transmisión demoníaca no se produce de la noche a la mañana. ¡Es un proceso! Cuando el diablo envía transmisiones demoníacas contra su mente, usted debe detener esa progresión al comienzo del ataque. ¡Cuantos más pensamientos den vueltas más influencia tendrán! Cuando el enemigo envía mensajes negativos, es un ataque literal contra nuestras mentes.

El principal ataque contra los intercesores es el espíritu de distracción. La distracción no ocurre por casualidad. Son tareas estratégicas enviadas para romper el enfoque. Si el enemigo rompe su enfoque, puede romper su fluir. Los intercesores deben tener una continuidad espiritual o la capacidad de continuar sin desviarse del curso trazado. Las distracciones que atacan la mente obstaculizan la capacidad de avanzar, y nunca se produce una conclusión. ¡Esto crea cabos sueltos!

Cuando una persona tiene demasiados cabos sueltos en su vida, su discernimiento finalmente es bloqueado. Tener un buen discernimiento es el primer paso para tratar con las cosas que llegan para distraer la mente. Deben identificarse los pensamientos que no son de Dios y ser enviados de vuelta de inmediato. No deben ser codificados (recibidos) y decodificados (procesados) en nuestras mentes. ¡No le dé lugar al enemigo! Es fútil intentar discernir las locuras que el enemigo envía a nuestra mente. Una vez más, lo reitero: ¡no entretenga pensamientos extraños! Los pensamientos extraños son pensamientos que no producen una mentalidad del Reino. Si esos pensamientos no están en consonancia con lo que el Reino de los cielos dice sobre la situación, ¡rechácelos!

Recuerde que su mente es el vehículo y que sus pensamientos representan lo que usted permite que se suba a su vehículo. ¡No recoja a extraños para que entren en el vehículo de su mente! Recuerde: no tiene que ser liberado de lo que expulsa en un principio.

OTRO VISTAZO AL CÍRCULO DE COMUNICACIÓN

El esquema que mostramos al comienzo de este capítulo comienza con una idea que debe ser codificada en nuestras mentes para transmitir el plan del enemigo. Las transmisiones son enviadas por personas, lugares o cosas. Observe que el enemigo usará a cualquier persona, lugar o cosa que sea accesible o esté disponible como un canal para él. Cuando las cosas son transmitidas, tienen la oportunidad de ser recibidas. Una vez que son recibidas, ¡el enemigo ha obtenido acceso o lugar! Después de la recepción, todo es un camino cuesta abajo para el enemigo. Cuando pienso en la recepción, pienso en teléfonos celulares o radios. Si yo estoy en ciertas partes de la ciudad donde las torres para teléfonos o radios no obtienen una buena recepción, yo no puedo recibir llamadas telefónicas o mensajes por radio. ¡Esto debería ser una revelación para nosotros! Necesitamos estar en un lugar en el Espíritu en el que las torres (fortalezas) del enemigo no tengan recepción. Lo que no puede ser recibido, no puede ser decodificado.

Decodificar una cosa tiene que ver con discernir, y eso conduce a entender. Los guerreros de oración deben tener equilibrio a la hora de moverse en la guerra espiritual. Aunque debemos ser capaces de reconocer las artimañas del enemigo, no debemos entretenerlas y darle al diablo más crédito del que merece. Como guerreros de oración, no deberíamos ser motivados por lo que el diablo hace, sino solamente por lo que Dios hace. Hay ciertas cosas en las que el enemigo ni siquiera merece una respuesta.

Cuando los enemigos que rodeaban a los israelitas intentaron distraer a Nehemías de su tarea de reedificar los muros, él les dijo a sus enemigos: "¡No voy a bajar del muro!" (ver Nehemías 6:3). Nuestra única respuesta a las transmisiones del enemigo debe ser la Palabra de Dios.

Cuando Jesús fue tentado por el diablo en el desierto, Él respondió declarando la Palabra de Dios. Observe que el círculo de comunicación del enemigo comienza con una idea sencilla. Toda idea del enemigo es una mentira que pretende parecer una verdad a nuestras mentes. Nuestras mentes deben ser renovadas por la Palabra de Dios hasta el punto en que las mentiras del enemigo no computen.

Entender el principio de la transmisión demoníaca nos ayuda a entender cómo revertir maldiciones y enviarlas de vuelta. Las maldiciones son transmitidas o enviadas en ondas espirituales que tienen un punto de origen y un destino. Muchas maldiciones no dejarán de operar a menos que sean enviadas al punto de su origen o sean malditas en su raíz. En cualquiera de las situaciones, la maldición debe tratarse en sus principales puntos de entrada cuando éstos fueron revelados.

Jesús maldijo la higuera desde la raíz.

Y pasando por la mañana, vieron que la higuera se había secado desde las raíces.

—MARCOS 11:20

Nehemías revirtió las maldiciones que sus enemigos enviaron para evitar que reedificara los muros de Jerusalén. Veamos el pasaje:

Oye, oh Dios nuestro, que somos objeto de su menosprecio, y vuelve el baldón de ellos sobre su cabeza, y entrégalos por despojo en la tierra de su cautiverio. No cubras su iniquidad, ni su pecado sea borrado delante de ti, porque se airaron contra los que edificaban. Edificamos, pues, el muro, y toda la muralla fue terminada hasta la mitad de su altura, porque el pueblo tuvo ánimo para trabajar.

—NEHEMÍAS 4:4-6

La Biblia nos dice que bendigamos a quienes salgan contra nosotros, pero en estos dos ejemplos ese no era el caso. Jesús maldijo las raíces de la higuera, y Nehemías revirtió las maldiciones de sus enemigos. La Biblia dice que él "volvió" su reproche sobre sus propias cabezas. La palabra *volvió* en hebreo es *shuwb*, y significa ¡enviar de vuelta! Muchos cristianos se sienten incómodos enviando de vuelta maldiciones porque no están familiarizados con este concepto bíblico. En otros países, las personas oran según la Palabra de Dios. Estados Unidos se ha vuelto incómodo con respecto a las cosas de Dios. El intelecto y la educación han sustituido a los ministerios apostólicos y proféticos que los hombres practicaban en la Biblia. Esa es la estrategia del enemigo; él utiliza el intelecto y la educación religiosa de la cual estamos tan orgullosos contra nosotros. ¡Por favor, escúcheme! Estoy a favor de la educación, y no creo que Dios quiera que seamos ignorantes en cuanto a las cosas naturales. Mi problema es que los predicadores han permitido que el intelecto se sobreponga a las cosas del Espíritu. Se han convertido en hombres naturales; es una maldición ser un hombre natural. Los hombres naturales no pueden discernir las cosas del Espíritu. La Biblia dice que las cosas espirituales son locura para ellos porque tales cosas solo pueden discernirse espiritualmente (1 Corintios 2:14). Volvamos a leer el pasaje:

> Porque lo insensato de Dios es más sabio que los hombres, y lo débil de Dios es más fuerte que los hombres.
>
> —1 CORINTIOS 1:25

Cosas que son locura para la mayoría de las personas en la iglesia en realidad han tenido su fuente en Dios. Pablo era un hombre con educación, y por eso no se estaba burlando de la sabiduría natural. Pablo sabía cómo tener abundancia y cómo ser humillado; había sido educado por el sistema religioso y, sin embargo, fue a la escuela del Espíritu Santo para recibir revelación apostólica.

Pablo siguió diciendo que Dios a propósito escogió lo insensato para avergonzar a lo sabio. Citó a Dios en Isaías 29:14 cuando Él dijo: "Pues está escrito: Destruiré la sabiduría de los sabios, y desecharé el entendimiento de los entendidos. ¿Dónde está el sabio? ¿Dónde está el escriba? ¿Dónde está el disputador de este siglo? ¿No ha enloquecido Dios la sabiduría del mundo? (1 Corintios 1:19-20).

Dios se estaba dirigiendo a los inteligentes, y no parecía demasiado agradado de ellos. No toma bien cuando los hombres usan las capacidades que Él les ha dado para tomar la gloria de Él. Saberlo todo en Dios es no saber nada. Cuando tratamos de saberlo todo, Dios personalmente nos llevará hasta la nada. Las transmisiones demoníacas discurren con fluidez por el intelecto sin Dios. Es la principal manera en que las personas son engañadas, porque alberga espíritus no enseñables. Romanos 8:6 se refiere a este tipo de intelecto como "la mente de la carne". El diablo busca creyentes que crean que lo saben todo. Esa mentalidad impía pone a las personas en el lugar donde están siempre aprendiendo pero nunca llegan a la verdad. Tienen apariencia de piedad en el exterior pero resisten la verdadera esencia de lo que es realmente importante para Dios.

Sí, debemos enviar de vuelta las transmisiones demoníacas, pero es imposible hacerlo sin tener una mente renovada. Nuestras mentes son continuamente renovadas por la Palabra de Dios. Como pueblo de Dios, nunca llegamos plenamente cuando se trata de renovación. Nuestras mentes deben ser continuamente renovadas con la Palabra de Dios para estar firmes contra los ataques del enemigo.

REVERTIR MALDICIONES

El enemigo no juega limpio; siempre tiene una estrategia, y no desperdicia su tiempo atacando a personas que no estén haciendo nada. Nehemías no fue atacado hasta que los muros de Jerusalén comenzaron a levantarse. Cuando Sambalat oyó que Nehemías estaba edificando, lanzó su ataque (ver Nehemías 4). Atacó cuando Nehemías comenzó a actuar según lo que ya había dicho. El enemigo no se distrae en su plan de batalla por personas que solamente hablan. Muchas personas hablan sobre sus visiones pero nunca ponen sus manos en el arado para hacer que sus visiones se manifiesten. Nehemías manifestó su visión delante de los demonios, y ellos se enfurecieron.

Cuando los enemigos de Nehemías atacaron, no dispararon armas naturales, *¡enviaron palabras!* Es la misma estrategia que el enemigo usa en la actualidad: "guerra espiritual de palabras". El viejo dicho: "Palos y piedras pueden romper mis huesos, pero las palabras no pueden herirme" no es cierto cuando se trata de las tácticas de Satanás. Las personas pueden recuperarse más fácilmente de ataques con palos y piedras que con palabras de maldición. Una palabra de maldición en la vida de una persona es como el cáncer que se ha pasado por alto. Cuando una palabra de maldición ha recorrido su curso en una vida, se necesita la intervención sobrenatural de Dios para ponerle fin.

Por eso debemos tratar los ataques demoníacos de palabras de maldición en su inicio. Nehemías nunca prestó atención a las palabras de sus enemigos. ¡Su única respuesta fue decir que no iba a bajarse del muro! Esa es la trama final del enemigo; quiere distraernos el tiempo suficiente para hacer que tiremos la toalla. Nehemías mantuvo su compromiso de completar el trabajo de reconstrucción del muro. Aunque sus enemigos eran mayores en fortaleza y en número, el trabajo nunca se detuvo. Su determinación de revertir la maldición que Sambalat quiso lanzarle fue totalmente eficaz.

De esta ilustración de Nehemías aprendemos que el revertir una maldición está orquestado bíblicamente cuando suceden dos cosas (ver Nehemías 4:4-5):

1. Las maldiciones son enviadas para detener la obra de Dios.

2. Dios mismo es provocado, y Él usa a un individuo bajo mandato apostólico para liberar su recto juicio.

Las transmisiones demoníacas del enemigo nunca echaron raíz en la mente de Nehemías. Él logró esta victoria desde su posición defensiva; pero Nehemías no se detuvo ahí; él hizo una oración para revertir las cosas que sus enemigos habían enviado para que se quedaran en su cabeza. ¡Él revirtió la maldición!

Oye, oh Dios nuestro, que somos objeto de su menosprecio, y vuelve el baldón de ellos sobre su cabeza, y entrégalos por despojo en la tierra de su cautiverio. No cubras su iniquidad, ni su pecado sea borrado delante de ti, porque se airaron contra los que edificaban.

—NEHEMÍAS 4:4-5

La vejación es un tipo de brujería. Mediante la manipulación interrumpe la paz de una persona; pone nerviosa a la persona y la molesta hasta que se ve afectada en su mente. Quienes edificaban estaban bajo ataque en sus mentes, y Nehemías envió de vuelta la maldición.

Algunas maldiciones deben ser rotas colectivamente porque han sido enviadas contra toda una casa. Al enemigo especialmente le gusta vejar las mentes de quienes construyen en la iglesia. Muchos están construyendo iglesias, pero no saben cómo edificar en la iglesia. Hay una diferencia. Cuando edificamos en la iglesia, edificamos al cuerpo y equipamos a los santos.

Profetizo que quienes edifican en la iglesia no serán vejados hasta el punto de bajarse del muro. La iglesia está realizando un estupendo trabajo, y no seremos distraídos por las voces de nuestros enemigos.

CAPÍTULO 3

Poner su dedo sobre el enemigo

Cómo identificar, exponer e incapacitar al hombre fuerte

L a Biblia nos manda estar firmes contra las artimañas del enemigo (Efesios 6:11). Las artimañas del enemigo son las maneras en que el diablo conduce sus negocios. Marcos 3:27 dice: "Ninguno puede entrar en la casa de un hombre fuerte y saquear sus bienes, si antes no le ata, y entonces podrá saquear su casa".

¿Cómo puede usted atar lo que no sabe que existe? Al hacer guerra espiritual y liberación durante los últimos veinte años, he descubierto que cuanto más pongo mi dedo sobre el diablo, menos eficaz es él. El poder de Satanás solamente opera mediante la imaginación y la exageración.

Al identificarlo y sacar a la luz su trabajo, eso hace que él y su reino sean incapacitados. Esto puede ilustrarse observando cómo el terrorismo puede ser detenido cuando los países son capaces de identificar a los terroristas y sus malvadas tramas. Si los Estados

Unidos tuvieran más conocimiento secreto sobre los terroristas, nuestra capacidad para hacer guerra contra nuestros enemigos ocultos se vería grandemente reforzada.

No es sabio que los creyentes digan que no necesitan saber sobre el diablo. Debido a que la iglesia ha pasado de puntillas en esta área hemos llegado a ser ignorantes de las artimañas del enemigo. Como resultado de nuestra falta de conocimiento sobre nuestro enemigo, con frecuencia nos encontramos guerreando unos contra otros porque no podemos discernir quién es nuestro verdadero enemigo. Esta actividad puede identificarse como *fuego amigo*. En el ejército natural, el fuego amigo es lo que sucede cuando las fuerzas del mismo equipo se hacen pedazos los unos a los otros. Las personas que no tienen la capacidad de reconocer a su enemigo tienden a disparar munición a ejércitos amigos o a espectadores inocentes. Lo terrible es que mientras que apuntan a ejércitos amigos, sus verdaderos enemigos pasan desapercibidos. Por eso Judas 1:4 habla de que el enemigo se cuela en la iglesia pasando desapercibido.

¡Jesús sabía quiénes eran sus enemigos! Él los identificó, ¡aun entre sus propios seguidores! Los demonios se ocultan en nuestras iglesias en la actualidad. En la Biblia, cuando Jesús o el foco de su Palabra salían a escena, los diablos salían de sus escondites. ¡Se manifestaban!

Esto trae una importante pregunta a mi mente: ¿Está Jesús realmente "en escena" en algunas de las iglesias de nuestro tiempo?

EL MODELO DE JESÚS PARA TRATAR CON ESPÍRITUS

Deberíamos tratar con los espíritus del mismo modo en que Jesús trataba con ellos. Cuando Jesús confrontaba a los demonios, Él era muy concreto sobre lo que trataba.

- *Jesús identificaba los espíritus.* Él identificó el espíritu como un espíritu sordo y mudo (Marcos 9:25).

- *Jesús pedía a los espíritus que se identificaran.* Él preguntó a los demonios en el endemoniado: "¿Cuál es tu nombre?". El demonio respondió: "Me llamo Legión, porque somos muchos" (Marcos 5:9).

- *Jesús hacía la clara distinción de que todos los demonios no eran iguales.* Él afirmó: "Este género no sale sino con oración y ayuno" (Mateo 17:21).

- *Jesús se refirió a Beelzebú como el príncipe de los demonios.* Esto demuestra que Beelzebú no era un espíritu normal y corriente; tenía un puesto y una tarea especiales (Mateo 12:24).

El poder de Satanás depende del engaño y el secretismo. Mientras pueda operar en la retaguardia, puede fortalecer su operación y debilitar a su objetivo. La palabra *oculto* significa "en secreto" o "en tinieblas". Cuando se trata de guerra espiritual, una iglesia sin conocimiento es un objetivo para que el enemigo la ataque a voluntad.

Muchas iglesias creen que no tienen que hacer liberación y guerra espiritual porque nunca ven manifestaciones del diablo. ¡Eso es algo muy peligroso que creer! ¿Es que esos ministerios no tienen ninguna manifestación porque están libres de actividad demoníaca, o es debido a que los demonios se ocultan en sus púlpitos y bancos? Los demonios se manifestaban en las sinagogas que Jesús visitaba, y yo tendría temor si no se manifestaran en la mía. No podemos expulsar aquello que no se manifiesta, ¡y lo que nunca se expulsa permanece!

Ha habido pastores que me han dicho que los demonios comenzaban a manifestarse en sus iglesias. ¡Eso es *algo bueno!* Significa que los demonios que han estado ahí todo el tiempo están saliendo de su escondite y puede tratarse con ellos. Muchos creyentes que no tienen la capacidad de poner su dedo sobre el enemigo viven una atormentada vida de guerra de guerrillas. Continuamente están bajo ataque de un enemigo al que no pueden ver. Algunos predicadores están muriendo prematuramente. La enfermedad corre a sus anchas en la iglesia, y nuestros hijos están atados.

El nivel más alto de la guerra de guerrillas es luchar contra un enemigo en su propio terreno. Cuando yo era más joven, crecí peleándome en las calles de Jacksonville, Florida. Yo era una luchadora estratégica. Sabía con quién pelear, cuándo pelear, cuándo hacer amigos y cuándo salir corriendo. Eso me ayudó a tener un buen récord de victorias. No perdía muchas peleas, y no era porque no me golpearan. Para sobrevivir en la calle uno tiene que tener algo más que una buena pegada con la derecha; debe ser capaz de pensar mejor que el enemigo. Para mí, la mejor manera de llevar la voz cantante contra otra persona en una pelea era hacer que esa persona estuviera en mi propio terreno. Si iba a salir golpeada, sería en mi propio terreno. Todo el mundo sabe que en un partido de fútbol el equipo de casa tiene la ventaja.

El diablo es el dios de este mundo y el príncipe de la potestad del aire; pero Dios nos ha dado dominio para caminar en la autoridad que Jesucristo recuperó para nosotros en el Calvario. Ese dominio nos da la ventaja de ser el equipo de casa; sin embargo, muchos predican sobre el Calvario pero no caminan en el poder del Calvario. El verdadero poder de lo que sucedió en la cruz es el hecho de que Jesús desarmó a los principados ¡y los expuso públicamente" (Colosenses 2:15)! Él destrozó al diablo entonces, y nosotros deberíamos proponernos seguir destrozándolo hoy día. Cuando expulsamos demonios y hacemos guerra espiritual, damos fruto a la obra consumada en la cruz. En ese proceso recuperamos de Satanás todas las cosas que él nos ha robado.

El ministerio de expulsar demonios es el nivel más alto de guerra espiritual. Es una guerra a nivel de tierra, y la Biblia dice que cuando lo hacemos, ¡EL REINO HA LLEGADO! Mi alma se aviva cuando pienso en ello. No quiero pasar mi caminar con Dios andando bajo una nube gris; no tengo que caminar sintiendo que algo anda mal en mi vida y no siendo capaz nunca de poner mi dedo sobre lo que es. ¿Se siente como si hubiera sombras que le siguen? ¿Siente como si estuviera caminando bajo una nube oscura? Tengo una revelación para usted: ¡lo que está sintiendo es tan real como lo que no puede ver! El terror en la guerra de guerrillas es que usted no puede poner su dedo sobre su enemigo. Él está en todas partes y podría estar en cualquier lugar. Para el creyente que participe en la guerra de guerrillas espiritual, ¡nuestro enemigo es el príncipe de la potestad del aire! ¿Cómo ponemos nuestro dedo en el aire? ¡Lo hacemos mediante la guerra espiritual!

No podemos hacer oraciones normales y corrientes cuando las huestes del infierno están tras nuestros hijos. No podemos depender de recursos naturales cuando estamos bajo un ataque espiritual. Por eso hay tantos cristianos que van a psicólogos y son adictos a medicinas recetadas. Ellos no pueden poner su dedo sobre su enemigo. Dios nos está llamando a poner nuestros dedos sobre el enemigo y destrozarlo. Cuando comencemos a reconocer al diablo tal como es, veremos que él es como una hormiga en una jaula con un elefante cuando se trata del Reino de Dios; es muy pequeño e insignificante cuando podemos poner nuestro dedo sobre él. Pero cuando pasa desapercibido o ignorado, parece convertirse en un gigante en nuestra tierra.

A la postre, muchos que han sido engañados por el enemigo dirán: "¿Es ese hombre?". La Biblia dice que él ha hecho caer reinos y ha desplomado a hombres grandes. Un día él será atado a las paredes del abismo con un imperdible en los ojos de aquellos a quienes ha engañado. Cuando vean al diablo tan pequeño como realmente es, se avergonzarán de saber que el príncipe de la potestad del aire era un hazmerreír. Eso es, el diablo es un hazmerreír para quienes saben cómo poner su dedo sobre él.

La guerra espiritual es andar en victoria sobre el espíritu de exageración. Este es un espíritu que gobierna el mundo y que hace parecer el reino satánico mayor de lo que realmente es. La guerra espiritual quita esa lupa y revela las tinieblas tal como son: una ilusión de victoria. Cuando yo estoy bajo un gran ataque, mi mentalidad es: "¡No es real!". La Palabra de Dios es más real para mí que los ataques del diablo. Si mi sanidad es real, entonces la enfermedad es un engaño. Yo no ignoro los ataques, pero esa confesión ha salvado mi vida muchas veces.

LA JERARQUÍA DEMONÍACA DEL ENEMIGO

Cuando Jesús anduvo en la tierra, Él tenía una revelación de la esfera espiritual (bien y mal). Cuanta más luz se arroje sobre las áreas oscuras de la operación de Satanás, menos efectivo es él. Entendemos que Satanás es nuestro enemigo final, pero debemos llegar a comprender que él tiene cohortes que trabajan para él. Hay un reino demoníaco bien organizado. Uno de los rangos del orden demoníaco es el de *Kosmokrator*, o gobernador del mundo. El capítulo seis de Efesios habla de los gobernadores de las tinieblas de este mundo (v. 12). El Kosmokrator controla el orden del cosmos, o el orden mundial. En mi libro, *Clean House, Strong House* [Casa limpia, casa fuerte], enseño sobre esto en profundidad.[1] Existe la necesidad de entender los niveles de demonios y sus operaciones concretas.

Un hombre fuerte es un diablo a nivel de tierra que guarda y controla el tráfico de fortalezas. Las fortalezas forman llaves en el espíritu que encierran a los demonios en las vidas de personas a fin de que éstas no puedan ser libres. Los demonios que expulsamos de las personas son espíritus sin cuerpos; ellos necesitan un cuerpo para expresarse en la esfera natural. En este capítulo abordaré el tema de las potestades del aire y hablaré del rango satánico del reino demoníaco.

La estrategia para derribar fortalezas demoníacas del enemigo se centra en poner atención al detalle. El reino del enemigo debe ser roto en partes y tratar cada una adecuadamente. Este es un principio fundamental de la guerra espiritual territorial. En las páginas siguientes enumeraré la jerarquía del reino satánico. Creo que ese es el orden del reino de las tinieblas. Principados, potestades, espíritus gobernadores y maldad espiritual en los lugares celestiales son los poderes del aire. Satanás es el príncipe de las potestades del aire. La palabra *aire* se refiere a círculos viciosos. Esos demonios supervisan las fortalezas de maldiciones en círculos recurrentes. Por eso la guerra espiritual a nivel de tierra no puede tener éxito a menos que se trate con las potestades del aire. Las potestades del aire son también conocidas como ángeles caídos, porque fueron expulsados del cielo junto con Lucifer. Gracias a Dios que solamente una tercera parte de los ángeles cayó del cielo junto con el diablo. Hay más con nosotros de los que puede haber contra nosotros.

¿CUÁL ES EL ORDEN DEL REINO SATÁNICO?

Jerarquía satánica (y su tarea)

SATANÁS—el príncipe de la potestad del aire

BEELZEBÚ—el príncipe de los diablos (ver comentario especial más abajo). Responde directamente, y solamente, a Satanás

PRINCIPADOS—príncipes de los cuatro extremos de la tierra (continentes, países, estados, ciudades, condados), magistrados o demonios principales; los primeros en rango

PODERES—organizaciones (*exousia* – capacidad especial, muy competente; libertad de jurisdicción)

ESPÍRITUS GOBERNADORES—barrios, familias, individuos (*kosmokrator* – gobernador mundial, espíritus con contacto directo con sus objetivos)

MALDAD ESPIRITUAL EN LUGARES ALTOS—idolatría (Ezequías derribó los lugares altos) (*poneria* –iniquidad y malicia, pecado y actividad idólatra

COMENTARIO ESPECIAL: Los príncipes de demonios son asignados por época. Durante la vida de Jesús, Beelzebú era el príncipe de los demonios. Durante la vida de Elías, Baal era el príncipe del ejército gobernante de demonios. También se ha observado que Dagón era el príncipe de los demonios durante otra época. Para ser eficaz contra cualquier enemigo en la guerra espiritual, usted debe conocer todo lo posible sobre el enemigo. Se entiende que Satanás es el archienemigo de Dios, pero él no trabaja solo. Tenemos muchos enemigos, porque hay muchos demonios. En el reino de las tinieblas hay un orden inconcebiblemente dedicado. Los demonios caminan en ese orden con un compromiso firme con el diablo. Temen romper el rango, y cada posición tiene el respeto que se le debe.

Porque no tenemos lucha contra sangre y carne, sino contra *principados*, contra *potestades*, contra los *gobernadores de las tinieblas* de este siglo, contra *huestes espirituales de maldad* en las regiones celestes.

—EFESIOS 6:12 (ÉNFASIS AÑADIDO)

Viendo la lista en este versículo, pasaremos por cada uno de los rangos.

Principados

La palabra griega para principados es *arche*, y se relaciona con la palabra *archi*, que significa ser principal. Los principados son demonios principales. La palabra griega *arche* significa ser primero en tiempo, rango u orden. También significa tener gobierno.

La Biblia afirma que Dios tiene también un orden para la iglesia. El pasaje en 1 Corintios 12:28 dice que Dios ha puesto en la iglesia: "primeramente apóstoles, luego profetas, lo tercero maestros". La palabra primeramente en este pasaje es *proton*, y significa "primero en orden de importancia". ¿Por qué diría Dios que los apóstoles son los primeros en orden de importancia? Yo creo que se debe a que los apóstoles son específicamente asignados a entrar en regiones y enfrentarse a principados. Dios ha puesto a los primeros (*arche*) contra los primeros (*proton*). Esto no significa que solamente los apóstoles puedan tratar con principados; solo significa que son apartados específicamente para hacerlo.

Potestades

La palabra potestades en griego es *exousia*. Como menciono en el capítulo sobre brujería, las potestades son especialistas. Son el FBI y la CIA del rango demoníaco. Cuando otros espíritus no pueden terminar el trabajo, Satanás envía a potestades contra el pueblo de Dios. Si quiere saber más sobre las potestades, lea el capítulo en este libro sobre brujería.

Los gobernadores de las tinieblas de este mundo

Los espíritus gobernadores son los demonios del cosmos, o gobernadores del mundo. La palabra *gobernador* en griego es *kosmokrator*, y significa "gobernador mundial". En 2 Corintios 4:4 la Biblia dice que si el evangelio está escondido, lo está para el dios de este mundo. El kosmokratos oculta la verdad y ciega las mentes de la gente mediante el engaño cosmético. Los espíritus gobernadores gobiernan sobre regiones y hacen que los fetiches parezcan modas y la brujería parezca una tradición familiar. Hacen que el asesinato parezca ser una elección y la homosexualidad parezca un estilo de vida. Esos demonios son expertos en hacer que la gente adore al diablo sin saberlo. Para romper la presión de grupo en nuestros hijos, debemos desmantelar el poder de los gobernadores mundiales de sobre sus cabezas.

Maldad espiritual en lugares celestes

Maldad espiritual en lugares celestes es la influencia demoníaca desde el segundo cielo, lo cual hace que las cosas empeoren en el mundo. La palabra *maldad* es *poneros* en griego, y significa "causar degeneración". Veamos Mateo 12:45:

> Entonces va, y toma consigo otros siete espíritus peores que él, y entrados, moran allí; y el postrer estado de aquel hombre

viene a ser peor que el primero. Así también acontecerá a esta mala generación.

La palabra *mala* es la misma en Efesios 6:12 y Mateo 12:45. Ambas significan "degenerar o volverse peor en estado". La maldad espiritual en lugares celestes influencia a quienes tienen influencia en la tierra. Esas tareas demoníacas se infiltran en entidades gubernamentales, cuarteles generales denominacionales, Hollywood, deporte profesional y muchos otros lugares. La palabra clave es *influencia*. Siempre que permanece la influencia, el poder y el dinero no estarán lejos.

Esas deidades demoníacas son territoriales en naturaleza y operan según tareas concretas. Su objetivo es infiltrarse y degenerar. El plan homosexual opera con fluidez bajo este principio; ese plan es una estrategia a largo plazo. Los jefes de este plan son muy pacientes; han trabajado para situar representantes en las altas esferas de influencia por toda la tierra. Dirigen sistemas educativos, judiciales, penales, financieros, corporativos, de espectáculo y religiosos, y utilizan sus lugares de influencia para fomentar sus torcidos puntos de vista. Debido a su estatus, la población general puede fácilmente llegar a ser más compasiva hacia su campaña, y más dispuesta a recibirla como algo normal.

Esos líderes mundiales finalmente utilizan sus altos lugares de autoridad para infiltrar a otros como ellos para asegurar su esfera de influencia. Por eso la actitud hacia los planes de los homosexuales ha llegado a ser más amigable en los Estados Unidos. Como ilustración, un superintendente de la Junta escolar de una ciudad importante enumeró a la persona con la que vivía (otro hombre) en su programa inaugural. Con valentía y públicamente anunció por escrito que vivía con otro hombre. Ese mismo superintendente ha despedido a muchos directores piadosos en el área y ha contratado a homosexuales para sustituirlos. La raíz de toda esta tarea está en el segundo cielo. Puede ser derrocada si los santos hacen peticiones al tribunal supremo en el tercer cielo.

DEMONIOS A NIVEL DE TIERRA

Los demonios que expulsamos de las personas no son parte de la jerarquía satánica que acabo de enumerar. Cuando hacemos guerra espiritual contra la jerarquía satánica, esos espíritus deben ser derribados. Los demonios a nivel de tierra, o espíritus sin cuerpo, ¡deben ser expulsados! Esos demonios deben tener un cuerpo para expresarse. Cuando son expulsados, son enviados a lugares de tormento y castigo. Por eso los demonios pidieron permiso a Jesús para entrar en los cerdos. Ellos necesitan un residente donde descansar.

Las potestades del aire gobiernan desde sus puestos en el segundo cielo. Usando cuerdas demoníacas, tienen conexiones con las personas en la tierra, quienes se vuelven como marionetas espirituales que son tiradas de los hilos. Efesios 2:2 habla de cómo el príncipe de la potestad del aire gobierna sobre los hijos de desobediencia. Esas personas son consideradas descuidadas, rebeldes e incrédulas; están conectadas con el segundo cielo, al igual que hay personas sentadas en lugares celestiales con Cristo Jesús. Cada ser humano está conectado espiritualmente con el segundo o el tercer cielo. A veces, las personas primero deben desconectarse de la actividad del segundo cielo a fin de recibir una liberación completa.

Consideraremos con más detalle los demonios a nivel de tierra.

Diablillos de Satanás

Satanás tiene huestes de ayudadores, pero me gustaría poner la atención en unos cuantos. Esos diablillos son tan tontos que no piensan por sí mismos. Solamente tienen la capacidad de seguir órdenes; tienen tareas con poco detalle a los cuales están muy dedicados.

Vigilantes

Estos son demonios que están establecidos como cámaras de vigilancia. Se adhieren a objetos estacionarios solo por una razón: para proporcionar vigilancia. Estos espíritus operan como terceros ojos para enfocarse en su tarea. Los cuarteles generales satánicos pueden ver la actividad por medio de estos vigilantes. Nunca se mueven a menos que sean expulsados de un lugar o su tarea haya concluido.

Escáneres

Estos son demonios que pueden escanear cosas al igual que una fotocopiadora escanea, y llevan las fotos a los cuarteles satánicos. Toman fotografías de incidentes para usarlas como evidencia contra los hermanos. Satanás es el acusador de los hermanos, y reúne evidencia para sus casos contra los santos.

Fisgones

Estos son demonios similares a grabadoras de audio. Se graban conversaciones y se llevan a los cuarteles satánicos para mantener un registro hasta que necesiten ser usadas contra un santo.

El diablo no es omnipotente, omnipresente ni omnisciente; no puede estar en todos los lugares a la vez (como Dios); no conoce todas las cosas (como Dios); y no tiene todo el poder (como Dios). Debido a esto, tiene demonios que trabajan para él para ayudarlo donde él está limitado.

Hay una esfera en el espíritu donde se archivan *informes akashic*. Cuando somos perdonados por Dios, Él lanza al mar del olvido todas nuestras faltas. Por otro lado, el diablo intenta sacarlas y ponerlas sobre nuestra cabeza. Los registros de esas cosas se guardan en un lugar espiritual llamado *informes akashic*. Los médiums y las personas que operan mediante ojos de terceros sacan su información de este lugar. No pueden tener acceso al poder de Dios, y por eso utilizan esta fuente demoníaca.

Por ejemplo, un médium puede de modo demoníaco tener acceso a esos archivos y darle a una persona información detallada perteneciente a sus circunstancias. Yo descubrí los informes *akashic* cuando estaba orando por brujas que querían renunciar a Satanás y servir al Señor. Hay literatura sobre esta esfera, pero no recomiendo investigarla. Sin la unción del Espíritu Santo, sumergirse en esa información como ésta puede abrir puertas en el espíritu que no necesitan ser abiertas. Lo importante que necesitamos saber es que hay una esfera donde esto existe. Para atar la actividad demoníaca que se relaciona con la calumnia, la acusación, las mentiras, la difamación del carácter y el reproche demoníaco, podemos ir contra la obra o el lugar donde se guardan los archivos akashic.

CAPÍTULO 4

Brujería y adivinación

Brujería

L a brujería es la práctica, poder y uso de lo sobrenatural sin la intervención del Espíritu Santo. No puede argumentarse que cualquiera que opere en este poder consciente o inconscientemente sea una bruja o brujo. Solamente existen dos poderes, y son el poder de Dios y el poder del diablo. ¡El poder del diablo es sencillamente brujería!

Muchos negarán que existe una delgada línea entre las tinieblas y la luz, pero esa línea es tan fina que muchos de quienes están del lado de Dios inconscientemente se deslizan al otro lado y se vuelven brujos. Un *brujo* se define como una persona que obra brujería.

Me gustaría hablar de tres categorías de brujas:

1. Brujas ciegas (o naturales)

Son personas que han estado dedicadas a ser brujas pero no son conscientes de ello. Yo las denomino "cáscaras vacías".

Ignorantemente son utilizadas por poderes de brujería. La mayoría de brujas ciegas son conscientes de que tienen un poder especial, pero son engañadas en cuanto a su verdadera fuente. Algunos casos son tan extremos que parece que los demonios han derribado a la víctima y viven por medio de su vida. Esas personas no salen de su camino para operar en lo sobrenatural; son simplemente "brujas naturales".

Con frecuencia he oído a personas decir que nacieron con un velo sobre su cara, o que se ha sabido que tienen poderes *especiales*. ¡Lo irónico es que no tienen relación alguna con Cristo! Eso es demoníaco y debería renunciarse a ello. Sé que los bebés no tienen control sobre la situación de su nacimiento; por otro lado, estoy de acuerdo con la creencia supersticiosa de que la cara velada abre la puerta a la dedicación demoníaca. Debe renunciarse a todo poder que esté fuera de Cristo y ponerlo bajo la sangre de Jesús.

Muchas personas me han dicho que no entienden por qué, pero que sencillamente "saben cosas". Eso significa que hay que cerrar un tercer ojo en sus frentes. Los médiums operan mediante terceros ojos y la manipulación de la esfera espiritual.

El principio espiritual más importante a entender para tratar con lo sobrenatural es este: de todo lo que Dios tiene, ¡el diablo tiene una falsificación! Por ejemplo, veamos la palabra griega para *poder: exousia.*

> He aquí os doy potestad de hollar serpientes y escorpiones, y
> sobre toda fuerza del enemigo, y nada os dañará.
> —LUCAS 10:19

Este pasaje describe el dominio que Dios nos ha dado sobre los poderes de las tinieblas. Cuando este pasaje se refiere a la "potestad de hollar serpientes", habla de poder *exousia*. Por otro lado, cuando se refiere a tener potestad "sobre toda fuerza del enemigo", está declarando *dunamis*, o poder de hacer milagros. *Exousia* es el poder de un potentado o especialista; se define como una capacidad y competencia especiales para dominar una jurisdicción designada.

Aunque todos estamos en el ejército del Señor, una persona con *exousia* es como la CIA o el FBI del ejército.

Muchas brujas que vienen al Señor siguen luchando con su salvación porque nunca renuncian a sus "espíritus" o *exousia* demoníaca. Esos "espíritus" les dan una capacidad sobrenatural para manipular la esfera espiritual y afectar circunstancias y situaciones naturales. Ese es un ejemplo de *exousia* demoníaca.

2. Brujas funcionales

Las brujas funcionales son brujas que operan en una premeditación demoníaca. En otras palabras, tienen planes muy bien pensados para obrar tinieblas contra espectadores inocentes. Funcionan como personas normales y corrientes y operan de incógnito. Son enemigos declarados que se plantan en medio de nosotros y se enorgullecen de sus planes secretos.

Judas 1:4 habla de cómo hay hombres que se cuelan en medio del pueblo de Dios y permanecen ahí "desapercibidos". La palabra griega para desapercibidos es *pareisduno*, y significa "establecerse al lado de". Las brujas han estado establecidas en nuestras iglesias sin ser detectadas desde que comenzó la iglesia. Un ejemplo de una bruja funcional en la Biblia es la mujer con el espíritu de adivinación que siguió a los discípulos durante muchos días. Ella fingía estar de su parte hasta que se descubrió quién era en realidad (Hechos 16:16). Ese espíritu fue expulsado mediante el discernimiento.

Muchos creyentes tienen discernimiento, pero ignoran las advertencias del Espíritu Santo por una razón u otra. Para la mayoría de cristianos, es difícil creer que haya personas del otro lado que se tomarían el tiempo de establecerse en medio de nosotros. Tengo un buen amigo que tiene un gran ministerio. Él entendía lo sobrenatural, pero no podía explicarse la infiltración del enemigo en su ministerio. Yo le dije muchas veces que había brujas entre su personal. Aunque él confiaba en mi juicio, seguía sin establecerlo en su mente. Un día, un hombre de mantenimiento encontró parafernalia vudú plantada en la oficina; no había duda de que era brujería. Los objetos parecían haber estado allí durante años debido a la corrosión que había en ellos. Uno de los objetos tenía la palabra "MUERE" escrita en letras grandes. Los ojos de mi amigo se abrieron a la realidad de la infiltración.

Una vez yo encontré lo que parecía ser un cantalupo oxidado bajo el asiento trasero de mi camioneta personal. Parecía como algo de la película *Star Trek*. Nunca llegué a imaginar lo que era. Ese objeto había estado en mi camioneta por tanto tiempo que tuve que sacarlo con una palanca. Desde luego, cuando finalmente salió, la moqueta estaba unida a él. Sé por experiencia que las brujas utilizan fruta como un tipo de sacrificio. Estoy segura de que ese objeto fue plantado allí para hacer que yo tuviera un accidente. Lo que me asustó fue pensar: ¿Quién estaba tan cerca de mí para poder hacer eso? ¿Quién tenía acceso a mí y a mi familia hasta ese grado? ¡Sin duda alguna que era un trabajo hecho desde el interior! Estoy segura de que mi amigo pastor, que tiene un edificio con la adecuada seguridad, se preguntó lo mismo. En ambos casos, ¡ninguna arma forjada contra nosotros prosperó! Ese no es siempre el caso. Hace años, advertí a una de mis ministros de una persona que yo creía que le estaba haciendo vudú a ella. Ella se separó de esa persona y, sin embargo, un día insistió en volver a comprometerse con esa relación. Yo le dije que no me sentía bien en mi espíritu en cuanto a eso. Aunque ella tenía una salud perfecta, dos semanas después murió de repente a una edad joven.

La Biblia es verdad cuando declara que debemos conocer a quienes trabajan entre nosotros. Me gustaría añadir... y a aquellos con los que estamos.

Uno de los principales caminos que las personas utilizan para conectar la brujería a sus víctimas es mediante los alimentos. No se vuelva paranoico con esto, pero es una buena guerra espiritual conocer a una personas por el espíritu si esa persona le está dando de comer. Veamos lo que dice la Palabra de Dios sobre este tema:

> No comas pan con el avaro, ni codicies sus manjares; porque cual es su pensamiento en su corazón, tal es él. Come y bebe,

te dirá; mas su corazón no está contigo. Vomitarás la parte que comiste, y perderás tus suaves palabras.

—PROVERBIOS 23:6-8

Preste mucha atención a las palabras "ojo malvado" (correspondiente a "avaro" tal como lo traduce la versión inglesa King James, N.T.). La palabra *malvado* es *ra* en la lengua hebrea, y significa "malicioso, malvado, dañino, problemático, adverso y favor malvado". Cuando esta palabra se refiere al ojo, en realidad está hablando del aspecto exterior. Para resumirlo, Proverbios 23:6 nos advierte que no debemos comer comida de personas en las cuales, por su aspecto exterior, podamos detectar malos caminos. Es una locura comer comida de personas a las que sabe que usted o su familia no les caen bien. La Escritura dice que si comemos bajo esas circunstancias, seguramente enfermaremos. ¡Eso es una maldición!

Si los enemigos obvios pueden enviar maldiciones por medio de la comida, quienes se cuelan inadvertidamente pueden hacer lo mismo. La clave es: ¡Tal como una persona piensa, así es!". Si piensa maldad, entonces libera maldad, a sabiendas o no. Muchos entienden el poder de la lengua en la guerra espiritual, pero el poder de los pensamientos es igual de peligroso cuando se trata de brujería. ¿Por qué? Porque muchas de las cosas enviadas contra nosotros no son reales, son imágenes y formas de exageración. La mayoría de la brujería está arraigada en el poder de la meditación. Se necesita una mente disciplinada para obrar brujería intencionadamente contra alguien.

Muchas enfermedades son enviadas mediante las imágenes y la exageración. Por eso las personas recurren a segundas opiniones de médicos y descubren que no tienen síntomas. ¡No era real desde un principio! Solamente era una imagen demoníaca que fue enviada por medio de ondas. ¡La verdad es que somos sanados por las llagas de las espaldas de Jesús!

Otro caso de imágenes es la de los síntomas que no pueden ser diagnosticados. Con frecuencia la gente tiene graves manifestaciones de síntomas y de dolor, pero los médicos no pueden detectar nada. Eso es brujería, y debe ser tratada mediante la oración. Si no se trata, una persona puede morir a causa de síntomas no diagnosticados. Mi prima murió de ese modo. El hospital la seguía mandando a su casa porque no podía diagnosticar nada. Cuando ella murió, sus hijos demandaron al hospital y recibieron una importante cantidad de dinero. Eso sucedió en Miami, Florida, donde el vudú está muy difundido.

Si recibimos las mentiras de las imágenes, sufriremos las consecuencias de ellas. Si ignoramos los ataques del enemigo, será igual de malo. Aunque los ataques no sean reales naturalmente, debemos tratarlos de modo sobrenatural mediante la oración. Una buena regla general es derribar imágenes malvadas en su comienzo. Lo que no se derriba finalmente tendrá que ser expulsado. Puede que sea difícil de creer, pero hay personas que le odian lo suficiente para operar como enemigos declarados y con intención.

David pidió a Dios ayuda contra sus enemigos declarados y, según el siguiente pasaje, Dios toma una fuerte posición contra quienes maquinan maldad en la oscuridad contra su pueblo:

Escucha, oh Dios, la voz de mi queja;
Guarda mi vida del temor del enemigo.
Escóndeme del consejo secreto de los malignos,
De la conspiración de los que hacen iniquidad,
Que afilan como espada su lengua;
Lanzan cual saeta suya, palabra amarga,
Para asaetear a escondidas al íntegro;
De repente lo asaetean, y no temen.

Obstinados en su inicuo designio,
Tratan de esconder los lazos,
Y dicen: ¿Quién los ha de ver?

Inquieren iniquidades, hacen una investigación exacta;
Y el íntimo pensamiento de cada uno de ellos, así como su corazón, es profundo.

Mas Dios los herirá con saeta;
De repente serán sus plagas.
Sus propias lenguas los harán caer;
Se espantarán todos los que los vean.

Entonces temerán todos los hombres,
Y anunciarán la obra de Dios,
Y entenderán sus hechos.

Se alegrará el justo en Jehová, y confiará en él;
Y se gloriarán todos los rectos de corazón.

—SALMO 64:1-10

3. Brujas carismáticas

El tipo de brujería más difícil de entender para los creyentes es la *brujería carismática*. Es una brujería que opera subliminalmente mediante personas en la iglesia. El problema es que muchos no saben lo que es realmente la brujería, y algunos dicen que no creen en la brujería. Ser cristiano y no creer en la brujería es un gran engaño. ¡Es negar la Palabra de Dios misma! Dios es el Creador de todo, tanto lo bueno como lo malo, y Él hace referencia a ambas cosas en su Palabra. Si Dios lo menciona en su Palabra, es real, aun si no nos es revelado.

La Biblia es clara sobre el tema de la brujería, y utilizaré un pasaje del Antiguo Testamento y otro del Nuevo Testamento para respaldar lo que quiero decir. El pasaje de 1 Samuel 15:23 afirma: "Porque como pecado de adivinación es la rebelión". Lo primero que necesitamos observar es que la rebelión y la brujería son lo mismo. Lo segundo es que la brujería es un pecado. La rebelión, en este caso, significa realmente amargura. Si la amargura es como el pecado de brujería, nuestras iglesias están llenas de él.

Gálatas 5:20 enumera la brujería como una obra de la carne. Si la brujería es una obra de la carne, nuestras iglesias están llenas de ella.

La brujería es algo más profundo que volar sobre una escoba o remover pociones mágicas en un caldero. Es control, manipulación, rebelión, amargura y cualquier obra de la carne que abofetea la obra del fruto del Espíritu y los planes de Dios en nuestras vidas.

Un punto clave a recordar es que "las obras de la carne" están estratégicamente contra "el fruto del espíritu". Muchos codician los "dones" y nunca buscan el "fruto". Eso libera el espíritu de brujería en la iglesia.

La brujería es un espíritu. La Biblia nos advierte que no demos lugar al diablo (Efesios 4:27); pero cuando operamos en ignorancia en las cosas del Espíritu, liberamos ciertas cosas que abren puertas y dan a la brujería un derecho legal de entrada, creando así el clima para la brujería carismática.

Recuerde que los dones y el llamado de Dios son irrevocables (Romanos 11:29). La palabra *dones* es *carisma*, y significa "ser dotado con atributos especiales que hacen a una persona especialmente dotada". La Biblia dice que Dios ha dado *carisma* libremente, y Él no lo quitará. Aun cuando las personas abandonan a Dios y comienzan a vivir estilos de vida adversos, sus dones continúan operando. Eso significa que un ministro puede participar en pecados que son una abominación para Dios y seguir siendo milagrosamente usado por Él.

Esas personas pueden moverse en los dones del Espíritu, y la gente nunca notará que hay otro espíritu ministrando detrás de su don. Las brujas carismáticas pueden ser liberadas, pero lo cierto es que muchas nunca lo son, pues no son conscientes del espíritu en el que operan. Debido a que andan en poder, descuidan sus propias almas; son engañadas creyendo que si Dios sigue usándolas, todo debe de estar bien con Él. Definitivamente, ese no es el caso.

Los falsos profetas están en la categoría de una bruja carismática. La mayoría de los falsos profetas creen que están correctamente delante de Dios. Los intercesores que hacen oraciones mediante adivinación también están en esta categoría. Yo vi al hombre fuerte de la adivinación intercesora; se parecía al insecto mantis religiosa. La palabra *mantis* significa "adivinación". Cuando los intercesores entran en la esfera del espíritu, demandando saber cosas que Dios no libera para que ellos las sepan, abren terceros ojos. Cuando los intercesores intentan controlar líderes, familiares o cualquier otra persona mediante la manipulación de sus oraciones, eso es brujería. Jezabel estaba loca por el control, y los intercesores deben tener cuidado de no someterse a sí mismos a su cobertura demoníaca. En Gálatas 5:20 la brujería se observa como una obra de la carne. La palabra *brujería* es *pharmekia* en griego, y significa "estar medicado mágicamente".

TIPOS DE BRUJERÍA Y ADIVINACIÓN

Aunque la magia blanca y la negra son distintas en uso y naturaleza, ambas se consideran formas de poder fuera del Espíritu Santo. Quienes operan en ellas son enemigos de Dios, porque operan en un poder ilegítimo. Aunque las personas acudirán a magos blancos (los así denominados brujas buenas) para romper el poder de la magia negra (brujas malvadas), la magia blanca es satánica. Las personas que hacen magia blanca son llamados *hijos de luz*, aun cuando es una luz falsa.

El diablo se manifiesta a sí mismo como ángel de luz. Un ejemplo de magia blanca es cuando una persona manipula la esfera espiritual para influir en el matrimonio. Muchos utilizan las así denominadas *pociones de amor* pero, en realidad, están asignando demonios a la situación mediante la poción mágica. La poción de amor es solamente un fetiche o un conductor en el que el demonio actúa. Desgraciadamente, ese tipo de cosas suceden todos los días. Las influencias en el matrimonio son dedicadas a demonios y nunca tendrán su fuente en Dios. Tal práctica se ha denominado "maldición", y está dedicada a demonios (Deuteronomio 7:26). Dios no bendecirá el desastre.

La magia negra es magia que se hace intencionadamente para producir maldad. Puede ser hechicería, necromancia, el conjuro de espíritus o muchos otros actos oscuros. El conjuro de espíritus, o recibir voluntariamente a demonios para tener poder, es el nivel más alto de magia negra. La gente ha estado dedicada a las artes mágicas desde el comienzo del tiempo.

En el ocultismo medieval, la brujería estaba clasificada bajo siete categorías. Cada tipo de brujería imaginable está bajo las siguientes categorías:

1. Obras de luz y riquezas

Porque éstos son falsos apóstoles, obreros fraudulentos, que se disfrazan como apóstoles de Cristo. Y no es maravilla, porque el mismo Satanás se disfraza como ángel de luz. Así que, no es extraño si también sus ministros se disfrazan como ministros de justicia; cuyo fin será conforme a sus obras.

—2 CORINTIOS 11:13-15

Todo lo que parece bueno no es siempre bueno. Quienes operan en obras de luz llegan en nombre del amor y las buenas obras. Es así como se forman la mayoría de las sectas. Los líderes atraen a personas inocentes y rechazadas en nombre del falso amor. Dios castiga a los que ama. Esos obreros de luz normalmente le dicen a la gente lo que quiere oír hasta que están situados sin esperanza bajo su control. Otro tipo de obra de luz es mediante organizaciones como Eastern Star, logias masónicas, fraternidades y hermandades de mujeres. Esas organizaciones se presentan a sí mismas en nombre de la hermandad; su manto de engaño son las buenas obras para la comunidad. Un ejemplo perfecto son los hospitales Shriner; aunque ellos ayudan a muchos niños con buenas obras, sus raíces son demoníacas.

Los ángeles de luz se han infiltrado en la iglesia por años. ¡Todo lo bueno no es de Dios! Si el mismo diablo se transforma en una falsa percepción de luz, nuestro discernimiento necesita estar funcionando todo el tiempo. Las obras de luz normalmente se relacionan con ganancia monetaria demoníaca.

2. Obras de misterio

El poder de las obras de misterio está relacionado con un consejo secreto que opera tras los bastidores (Salmo 64:2). Un consejo secreto es una asamblea de personas que están en deliberación cerrada o consejo oculto. El terrorismo es un tipo de brujería, y está bajo esta categoría. Quienes se dedican a esta demoníaca obra hacen votos hasta la muerte para hacer cosas que no pueden mencionarse.

Las obras de misterio también se relacionan con organizaciones que hacen votos secretos o dedicaciones de iniciación. Aunque algunos ignorantemente se unen a esos grupos para obtener poder y prestigio, no comprenden que están dedicando sus familias a demonios mediante iniciaciones. Lo que esos grupos llaman *iniciación* son en realidad formas de sacrificio al diablo. Esos sacrificios abren puertas a maldiciones generacionales de brujería en familias. Una iniciación puede afectar a generaciones con maldiciones secretas que nunca se revelan. La operación de los iluminati es el mayor secreto guardado de todos los tiempos. Es un grupo de personas acomodadas y de influencia que obtienen lo que quieren que se haga en el mundo a cualquier costo; ellos gobiernan el mundo con un poder secreto detrás del telón. Mediante actos como teosofía y *teomancia* (la mezcla de brujería, filosofía y adivinación), ellos entran en esferas que desafían a lo natural. Yo creo que Osama bin Laden es un maestro espiritualista que opera en esta esfera. Su capacidad para permanecer oculto está basada en algo más que influencia natural. Mediante las obras de misterio los demonios ayudan a que esté oculto.

3. Obras de ciencia o destrezas

Dios dijo que él desconcertaría las mentes de los lógicos y los estadistas. Muchas personas dependen del intelecto y de su propio conocimiento. Un perfecto ejemplo fue la bíblica torre de Babel. Génesis habla de un hombre llamado Nimrod, quien fue el padre de la adoración babilónica. Fue destacado como el poderoso cazador que se enfrentó a Dios; él fue el primer semi-dios, u hombre, que fue adorado en la tierra. La gente lo adoraba debido a su conocimiento de la ciencia y su destreza en la construcción de la torre de Babel. Eso es brujería. Debido a que los babilonios ponían su dependencia en su propio intelecto, cuando pensaban que estaban alcanzando su mayor logro Dios desconcertó sus mentes y confundió su propósito. El conocimiento del hombre ha intentado alcanzar el cielo desde el comienzo del tiempo. Los humanistas seculares operan bajo las obras de ciencia y destrezas. Para ellos, el conocimiento es el único poder, ¡y el hombre es dios!

4. Obras de retribución y castigo

Las personas que operan en esta categoría de brujería están obsesionadas con participar en el sacrificio final de sus cuerpos. Muchas sectas operan sobre el principio de recibir castigo y dolor como un sacrificio. Caminan sobre clavos y se hacen tatuajes y agujeros en sus cuerpos. También se someten al fuego como forma de arrepentimiento. Aunque algunas personas realizan esos actos con intenciones demoníacas, hay muchos que ignorantemente realizan obras de retribución y castigo. Jesús dio su vida por nuestra expiación, y Él es el sacrificio definitivo. ¡No hay ningún otro! Las personas que tratan de dedicar sus vidas a convertirse en "sacrificios definitivos" se enfrentan a la obra consumada de Cristo.

Cuando los profetas de Baal no pudieron hacer que su dios respondiera en el monte Carmelo, comenzaron a hacerse cortes en sus cuerpos (1 Reyes 18:28). Cortarse, hacerse agujeros y marcar el cuerpo es un antiguo ritual demoníaco; se consideraba un acto realizado solamente por los paganos en tiempos bíblicos. Hoy día, en forma de modas, personas inocentes marcan y tatúan sus cuerpos, hasta los cristianos. Son actos fetichistas muy adictivos. Por eso un pendiente se convierte en muchos, y un tatuaje conduce a cubrir el cuerpo entero. Cada vez que se derrama sangre mediante el agujero para un pendiente o los pinchazos de una aguja de tatuaje, es un sacrificio al diablo. Los agujeros para pendientes ahora se abren mucho y llegan a ser tan grandes como pulseras amuleto.

La razón de que empeore progresivamente es porque los demonios no comparten su espacio. Su objetivo es tomar el control total; su meta final es la posesión de todo el cuerpo. Al estudiar las sectas antiguas, parece que estamos viviendo en una época en que las personas comienzan a parecerse a la gente de Sodoma y Gomorra.

5. Obras de amor

Algunas iglesias atraen a personas mediante un falso amor, que es solamente una cortina de humo. El objetivo es la separación final. Enseñan doctrinas como: "Nadie fuera de nuestra organización irá al cielo", o "nadie puede amarte como nosotros". Hacen que personas inocentes se separen de sus familias y sus seres queridos. Aunque Dios puede causar separación de seres queridos durante un tiempo, es algo demoníaco cuando se manipula mediante obras de amor. Las puertas que abren a la gente a este tipo de brujería son el rechazo, la magia compasiva y la inseguridad. La fortaleza es un espíritu de lavado de cerebro.

6. Obras de intriga

Esta obra despierta la curiosidad o la fascinación de una persona. Isaías 19:3 dice:

> Y el espíritu de Egipto se desvanecerá en medio de él, y destruiré su consejo; y preguntarán a sus imágenes, a sus hechiceros, a sus evocadores y a sus adivinos.

Cuando Moisés lanzó su vara delante de Faraón se convirtió en una serpiente. Los magos, Janes y Jambres, falsificaron el acto de Moisés lanzando dos varas que se convirtieron en dos serpientes. El acto de Moisés fue una exposición del poder de Dios, pero el acto de los magos fue una obra de intriga.

La gente se fascina con lo sobrenatural. Tenemos hechiceros en programas nacionales como Criss Angel (Mindfreak) que entretienen a las multitudes con la fascinación de la brujería.

Recientemente se emitió un programa en la televisión nacional en el que un hombre intentaba batir el récord mundial por mantener la respiración bajo el agua. Él llevaba el símbolo de Baphomet (el dios del mundo oculto) tatuado en su espalda. Mientras la gente veía su acto como un show de circo, era una obra demoníaca de intriga. Ese hombre intentó eso con la ayuda de poderes demoníacos. Yo me puse de acuerdo con unos cuantos intercesores, y comenzamos a atar sus espíritus de poder. De inmediato él comenzó a ahogarse bajo el agua, y su show terminó. Los demonios que lo apoyaban lo dejaron en un estado de fracaso y vergüenza. Al igual que Houdini, estos individuos son hechiceros modernos. Lo que la gente cree que son divertidos trucos de magia son en realidad las obras de demonios mediante la intriga. Hacen a la población insensible a la verdad y receptiva a la brujería mientras creen que están siendo entretenidos.

7. Obras de maldición y muerte
Esta categoría de brujería muestra el poder de las artes negras. Las artes negras operan cuando las brujas provocan el mal contra personas hasta la muerte. Son formas de brujería incorporadas por el espíritu del ladrón. Él llega con la intención de robar, matar y destruir. Las obras de maldición y muerte son profundas destrucciones enviadas desde el lado oscuro.

ADIVINACIÓN

La adivinación se define bíblicamente como "un espíritu de adivinación o el espíritu de falsa profecía". A continuación he enumerado algunos de los tipos de adivinación.

Por favor, observe que el sufijo "mancia" significa adivinación.

- *Aeromancia* – Adivinación al observar las condiciones atmosféricas o las ondas en la superficie del agua. Esto también se denomina brujería acuática.

- *Antropomancia* – Adivinación al examinar los intestinos de una persona muerta, especialmente en sacrificios humanos.

- *Apantomancia* – Adivinación por medio de un objeto que está a la vista (algunas personas pueden mover objetos con sus ojos).

- *Aritmomancia* – Decir la fortuna mediante el uso de números.

- *Belomancia* – Adivinación mediante flechas.

- *Botanomancia* – Adivinación mediante el uso de plantas y hierbas.

- *Cartomancia* – Adivinación mediante el uso de cartas (por ejemplo, cartas de Tarot).

- *Ceromancia* - Interpretar formas y posiciones adoptadas por cera derretida que se derrama al suelo.

- *Cristalomancia* – Mirando a un espejo o una superficie brillante.

- *Critomancia* – Adivinación mediante esparcir harina, especialmente en relación con ritos sacrificiales.

- *Dafnomancia* – Adivinación lanzando una rama de laurel al fuego e interpretándolo mediante las llamas.

- *Estolismancia* – Adivinación al llevar artículos de ropa de cierta manera.

- *Alomancia* – Una forma de adivinación usando sal.

- *Geomancia* – Adivinación por figuras al azar que se forman cuando se lanza un puñado de tierra al suelo.

- *Nefelomancia* – Adivinación observando las nubes.

- *Necromancia* – La práctica de comunicarse con los muertos; también la práctica de predecir el futuro por la comunicación con los muertos.

- *Oniromancia* – Adivinación mediante sueños y libros sobre sueños.

- *Rabdomancia* – La práctica de usar la vara adivinatoria o un palo de adivinación.

- *Clidomancia* – Adivinación mediante el uso de la Biblia.

- *Quiromancia* – Adivinación por los usos de las palmas de las manos.

- *Bibliomancia* – Adivinación por el uso de la Escritura.

- *Lecanomancia* – Adivinación lanzando una piedra a un barreño de agua e interpretando las ondas; a veces se usa aceite.

- *Ornitomancia* – Un método de adivinación que interpreta los patrones de vuelo de las aves; también se refiere a la adivinación del canto de las aves; era una forma muy popular de adivinación durante la antigua Roma donde, de hecho, era parte de la religión.

- *Taseomancia* – El arte de leer las hojas de té; algunos lectores también usan posos de café.

TIPOS DE MAGIA

- *Magia protectora* – Cualquier acto o fórmula que se une para prevenir o vencer el mal.

- *Magia compasiva* – Una creencia oculta es que cuando una persona es separada de alguien con la que ha tenido una relación, puede seguir existiendo mediante lazos afectivos. Este tipo de magia mantiene un vínculo entre dos individuos aun después de que estén separados. Es un tipo de control a larga distancia donde la relación natural no es necesaria. El nudo del lazo es la autocompasión. Aun si una parte quiere romper el nudo, la autocompasión es el pegamento que lo mantiene unido.

- *Magia contagiosa* – La creencia en que cualquier cosa con la que se entre en contacto tendrá influencia sobre la persona después de que se vaya (transferencia de espíritus); esto puede ocurrir mediante el acto sexual, el uso de drogas, el conocimiento casual, el teléfono y la televisión.

- *Magia defensiva* – La magia que se usa para vencer otra magia.

- *Visión telefónica* – Cuando la gente puede ver mediante las líneas telefónicas por medio de poderes sobrenaturales.

- *Mimpatía* – Experimentar el sufrimiento de otro; esto normalmente implica lástima o compasión.

- *Clarividencia* – Visión trascendental que da a la persona la capacidad de ver en lugares donde no está físicamente en contacto.

- *Clariaudiencia* – Oído trascendental que da a la persona una capacidad sobrenatural de oír.

- *Clarisentido* – La capacidad de ver cosas en el espíritu mediante poderes demoníacos (falsa profecía).

ORACIÓN PARA ROMPER LA BRUJERÍA

Padre, en el nombre de Jesús, ato el espíritu de hechicería, espíritus de brujería indígena nativa de los Estados Unidos y los demás espíritus territoriales de brujería. Renuncio al espíritu religioso, al espíritu de falta de perdón, de amargura, de resentimiento, de ira, de odio, de rencor, a la raíz de amargura, de malicia y a cualquier otro espíritu bloqueador en mi vida.

Ciego "el tercer ojo" de los médiums, todos sus ataques físicos, psíquicos y espirituales contra mí y todo lo que me incumbe. Toda tarea, operación, semilla, trabajo, plan, actividad, trampa y lazo son atados y bloqueados de mis asuntos personales, familiares, de negocios y ministeriales. Toda maldición, maleficio, vejación, encantamiento, hechizo, ligadura, juicios de brujas y hechiceros, y actos de maldad son maldecidos hasta la raíz. Brujería, hechicería, magia, velas mágicas, poción mágica, magia negra, magia blanca, magia contagiosa y augurios: no tienen poder de trabajo contra mis tareas en la vida. Fuerzas de Nueva Era, santería o Yoruba no pueden penetrar mis barreras de protección. Toda obra de una maldición, ritual o sacrificio a Satanás es contada como nula y vacía.

Ruego la sangre de Jesús contra todo acto y declaro que ningún arma formada prosperará. Todo pensamiento demoníaco, amenazas, locuciones mentales, afirmaciones e imaginaciones son derribadas y no se convertirán en fortalezas para el uso del diablo. Renuncio a toda maldición autoinfligida mediante la confesión negativa, las imágenes y la exageración a las que yo pueda haber abierto las puertas. Cancelo toda estrategia demoníaca contra mí y contra las personas con las que estoy llamado a conectar, a ser cubierto por ellas o llamado a cubrir. Nunca se manifestarán o sucederán, y son malditas y destruidas en su raíz. Las hago ineficaces. Son juzgadas por Dios, saqueadas y sacadas abiertamente a vergüenza.

Cada plan del enemigo nunca será sembrado en mi vida ni echará raíz. Ningún arma forjada contra mí prosperará. En cuanto el enemigo ataque, los refuerzos del Señor serán lanzados contra él, y su semilla se secará. Derribo toda vana imaginación; está rota de mi ministerio, de su gente y de sus familias inmediatamente, completamente y permanentemente.

CAPÍTULO 5

Maniobrar en el Espíritu

Los dones de Dios para el creyente individual

Maniobrar en el Espíritu es fluir o moverse por el Espíritu de Dios de manera táctica. La raíz de la palabra *táctica* es *tacto*. Todo creyente debe tener tacto con respecto a las cosas del Espíritu; es una obligación individual. Lo contrario de tener tacto es ser imprudente. Durante demasiado tiempo los cristianos han dependido de otros que se considera que tienen una mayor autoridad espiritual para moverse en el Espíritu por ellos. Esto finalmente termina en una colisión espiritual. Ellos quieren que se les diga lo que Dios está diciendo, y quieren que alguien obtenga una revelación de la Palabra de Dios para ellos. Los líderes solo deben enseñar la Palabra de Dios y conducir a otros en la dirección correcta. Las personas tienen que obtener una revelación de Dios y oír de Él por sí mismas. Yo creo que los líderes deberían operar como entrenadores espirituales para enseñar a las masas cómo fluir en las cosas de Dios.

Muchas personas contratan a entrenadores personales para

perder peso o ponerse en forma físicamente. Los entrenadores les enseñan qué hacer, pero para obtener resultados el individuo debe hacer el trabajo. Cuando yo corría atletismo, era muy importante para mí que mis entrenadores hubieran experimentado lo que me estaban enseñando a hacer. Es difícil entrenar a alguien en lo que uno nunca ha logrado. Mis mejores entrenadores eran personas que tenían experiencia de primera mano en mi campo. No solo eran entendidos, sino que tenían un buen historial de haber hecho lo que me enseñaban a hacer a mí.

A pesar de eso, yo tenía que ser capaz de rendir por mí misma el día de la competición. El trabajo del entrenador era prepararme para usar el don que ya estaba en mi interior. Un entrenador no puede convertir en campeona a una persona que no tenga ya un talento. ¡Los campeones nacen! Dios puso en mí la capacidad de ser una estupenda velocista antes de la creación del mundo. Mis entrenadores identificaron mi don y me enseñaron cómo obtener los mejores resultados de él.

Con frecuencia doy mi testimonio de cómo utilizaba esteroides anabólicos al final de mi carrera como atleta. Doy gracias a Dios porque nunca tuve la oportunidad de ganar una competición importante con drogas en mi cuerpo. Dios me salvó en cuanto comencé a tomar esteroides.

Los esteroides anabólicos me hacían sentir invisible; me recuperaba casi de inmediato después de mis repeticiones de prácticas; podía entrenarme más, y así conseguía mejores resultados en competición. Si una persona normal sin ninguna capacidad atlética natural tomara esas drogas, no tendrían el mismo efecto en ella. Los esteroides solamente refuerzan lo que ya está ahí. ¿Qué quiero decir? Muchas personas intentan moverse en cosas en Dios que él no puso en ellos que las hicieran. Al igual que mis entrenadores de atletismo, yo, como apóstol, no puedo entrenar a un individuo para hacer lo que Dios no haya puesto en él o ella para que lo haga.

Pablo entró en contacto con Timoteo, y por medio de él, dones que permanecían latentes en Timoteo fueron encendidos. Él encendió un fuego en Timoteo al imponer manos sobre él, y prendió el llamado de Dios en su vida. La responsabilidad de Timoteo era la de avivar ese fuego interior (2 Timoteo 1:6). Eso puede hacerse al quedarse en el lugar para ser entrenado a fin de que los dones puedan ser agudizados y madurados. El pasaje de 1 Timoteo 4:14-16 habla sobre este punto:

No descuides el don que hay en ti, que te fue dado mediante profecía con la imposición de las manos del presbiterio. Ocúpate en estas cosas; permanece en ellas, para que tu aprovechamiento sea manifiesto a todos. Ten cuidado de ti mismo y de la doctrina; persiste en ello, pues haciendo esto, te salvarás a ti mismo y a los que te oyeren.

El entrenamiento es la práctica regular, la cual cultiva un don; ¡fomenta el progreso! La confirmación de dones ministeriales que han sido puestos por Dios es que progresan. La unción o confirmación de Dios de ellos es que la gente puede ver el ministerio crecer de un nivel al siguiente. Los dones ministeriales que quedan estancados y latentes, lo están porque quienes los tienen los descuidan. Esos dones también quedan latentes porque los líderes no los activan como debieran.

Cuando se trata del don de Dios en una persona, yo creo que si usted no lo usa, ¡lo perderá! Muchas personas se llevan a la tumba sus dones y nunca experimentan aquello a lo que Dios les ha llamado a andar en la tierra. Descuidan el don que Dios misericordiosamente les ha otorgado. La palabra *descuidar* en hebreo es *ameleo*, que significa "no considerar y tomar el don de Dios a la ligera". Como resultado, la persona se vuelve imprudente con lo que Dios le ha dado para que lo administre.

El pasaje de 1 Timoteo 1:20 nos advierte, como creyentes, a no ser como Himeneo y Alejandro. Ellos eran indisciplinados en las cosas del Espíritu, y su fe finalmente naufragó. Himeneo también se nombra junto con Fileto por ser conducidos a una mayor impiedad y enseñar mensajes que devoraban a la gente y se extendían como el cáncer (2 Timoteo 2:17). Se decía que se habían desviado de la verdad, minando la fe de los santos. Parecía que cualquiera relacionado con Himeneo participaba de la maldición de su rebelión.

Este es un ejemplo de la apostasía de la que se habla en 2 Tesalonicenses 2:3. Este pasaje advierte de una gran apostasía que debe suceder a fin de que se cumpla la Escritura. Esta apostasía les sucede a quienes han sido verdaderamente llamados por Dios y caen en el engaño y terminan en el otro lado. La apostasía es la falsificación del ministerio apostólico de Dios. Lo apostólico envía a personas en Dios, y la apostasía las aparta y hace que caigan. Lo apostólico respalda la unidad y el crecimiento de la iglesia, pero la apostasía causa división y cisma. Al igual que estar relacionado con las personas correctas le hará avanzar en su llamado, estar relacionado con las incorrectas le apartará y hará que no dé en el blanco.

Pablo terminó su carrera porque mantuvo sus ojos en la meta que Dios le había dado en la vida. Todo el mundo tiene dones particulares que conducen a cierta meta.

El versículo en 1 Pedro 4:10 dice:

Cada uno según el don que ha recibido, minístrelo a los otros, como buenos administradores de la multiforme gracia de Dios.

Me sorprendo cuando las personas arriesgadamente me piden que les imparta mi unción. Yo no trato con esa imprudencia en el Espíritu. En primer lugar, no considero la impartición como simplemente darle a una persona lo que hay en mi interior; en realidad, lo que hay en el interior de él o ella tiene que estar relacionado con lo que hay en mi interior. Al igual que Pablo, yo llego al interior de otros y conecto con lo que Dios ya ha puesto ahí. Esto es lo que denomino *impartición apostólica*. Es la única manera en que podemos multiplicar nuestros dones. Muchas personas están satisfechas con la adición cuando Dios mandó la multiplicación. Diez más diez son veinte, pero diez por diez son cien. Eso obstaculiza la variedad en Dios; ¡Él quiere que demos fruto y que nos multipliquemos! Solamente podemos hacerlo al ser guiados por el Espíritu de Dios.

CUIDADO CON LA BRUJERÍA CARISMÁTICA

La Biblia dice que si somos hijos de Dios debemos ser guiados (movidos) por el Espíritu de Dios. No es algo popular entrenar a las personas para que se muevan por el Espíritu en la iglesia. Al igual que el ejército entrena a sus soldados en las maniobras tácticas, los creyentes necesitan ser entrenados para moverse en el Espíritu. Deben tener tacto espiritual, lo cual fomentará la decencia y el orden y protegerá la integridad de la guerra espiritual y la liberación. Muchos se han sumergido en la guerra espiritual de modo indecente y fuera de orden. Ignorantemente estaban sin cobertura, y el enemigo usó eso para avergonzarlos públicamente. El resultado final es que eso causa un reproche al ministerio global. He oído la misma historia durante años. Personas que no quieren hacer guerra espiritual debido a las experiencias que han tenido con personas que no sabían cómo maniobrar en el Espíritu. En la guerra espiritual hay reglas de participación. El costo es grande por romperlas.

Oro para que la información en este capítulo sea para usted un curso de entrenamiento básico sobre cómo moverse en el Espíritu. Una vez que sea entrenado en cualquier cosa, eso se quedará en su espíritu y producirá hábitos. Los hábitos no son todos malos. Solamente necesitamos librarnos de los malos hábitos (ser liberados) y recibir los buenos hábitos (ser entrenados). Yo era una oficial de entrenamiento no comisionada en el ejército, y mi tarea era asegurarme de que todo soldado tuviera un entrenamiento adecuado para su área de especialidad. Los cuarteles generales del ejército tienen pautas para que cada soldado sea entrenado de acuerdo a su especialidad de trabajo. No puede hacerse nada fuera de esas regulaciones. Para moverse en las cosas de Dios, ¡debe hacerse EN DIOS! Para estar en Dios tenemos que obrar según las ordenanzas de su Palabra.

Veamos lo que la Palabra de Dios tiene que decir sobre esto:

Porque en él vivimos, y nos movemos, y somos.

—HECHOS 17:28

En primer lugar, debemos ver los significados en griego de las palabras vivir, moverse y ser.

- Vivir – *zao*, "ser avivado"

- Moverse – *kineho*, "ser estimulado a moverse"

- Ser – *esmen*, "tener esperanza porque el evangelio ha sido predicado"

Vivir en Dios significa ser avivado por el Espíritu de Dios. Este avivamiento causa un movimiento que nos hace movernos. Webster define la palabra moverse como "ir de un lugar a otro con un movimiento continuo". La clave para moverse en el Espíritu es el movimiento continuo. Las cosas nunca se quedan quietas en el Espíritu. ¡Siempre se están moviendo!

La pregunta del millón de dólares es: ¿En qué dirección se mueven? Cuando maniobramos en el Espíritu, nos movemos hacia las cosas de la luz o nos movemos hacia las cosas de las tinieblas. Eso significa que las personas pueden moverse en el espíritu *fuera de Dios*. Todo movimiento espiritual no está "en Dios". Cuando las personas en la iglesia se mueven fuera de Dios, yo lo denomino brujería carismática. Tenemos muchos hombres y mujeres con dones de Dios en el Cuerpo de Cristo. La Biblia nos dice que sus dones son irrevocables. En otras palabras, ¡Dios no los quita! Debido a que Él no quita los dones espirituales, las personas pueden seguir moviéndose en el espíritu fuera de Dios. Este capítulo enseña principios fundamentales sobre moverse en el espíritu. Es una salvaguarda contra la brujería carismática en la iglesia.

La palabra griega para moverse es *kineho*. Está relacionada con la palabra *cinética*. La cinética es el estudio del movimiento. Cuando aceptamos a Jesús en nuestras vidas, ¡solo entonces tenemos nuestro propio ser! En Él vivimos, nos movemos y somos. Después de aceptar a Jesús podemos comenzar a movernos legalmente en el espíritu. Tener nuestro ser en Dios nos salvaguarda del movimiento ilegítimo en el espíritu.

¿Qué es movimiento ilegítimo en el espíritu? Utilicemos el ejemplo de las violaciones de la ley de tráfico en lo natural. Es ilegal conducir sin licencia, pero no evita que la gente quebrante la ley. Conducen haciendo cosas que no han practicado y para las que no tienen licencia. Como creyentes, debemos ser liberados apostólicamente y ser cubiertos continuamente para caminar en ciertas esferas del espíritu. Debemos tratar con la ilegalidad en la iglesia cuando las personas quebrantan leyes espirituales y "conducen" sin licencia.

Muchas personas no *esperan* en Dios, y se pasan los semáforos en rojo cuando Él les dice que se detengan. Sin *mirar* dónde van, se meten en carriles de otros santos y causan colisiones espirituales. No se *someten* cuando Dios les indica que lo hagan; son valientes para seguir cuando Dios les dirige a tomar la siguiente salida. Pasan por alto los *desvíos* de Dios que les hacen salir de su camino porque parece más rápido seguir adelante. No comprenden que el camino de Dios puede que sea más largo, pero evitará muchos accidentes espirituales a lo largo del camino (ver Éxodo 13:17).

La Biblia nos advierte que hay camino que a nuestra carne le parece recto pero su fin es muerte (Proverbios 14:12). La raíz de la palabra *dones* es la palabra griega *charisma*. Es peligroso ser guiado por los dones, pues sin la intervención del Espíritu Santo, los dones siempre fomentan las cosas de la carne. ¡La fortaleza de la brujería carismática es la obra de la carne! No es el poder de la brujería que posee, sino el poder de los hombres para rendirse a su carne. Cuando somos guiados por los impulsos de la carne por encima de la unción del Espíritu Santo, eso siempre conducirá a la muerte. La carne siempre mantendrá el "derecho de calle", aunque no tenga ninguno. Se desarrolla para satisfacer sus propios deseos lujuriosos.

Quienes escogen mantener su modo de hacer las cosas y siguen quebrantando las leyes de "las carreteras del Espíritu", recibirán advertencias. Si no prestan atención a esas advertencias, finalmente serán apartados y llevados a la cárcel espiritual.

Todo el tiempo conozco a personas que ministran en atadura

espiritual. Ven cosas en el espíritu, y usan sus dones espirituales, pero no están arraigadas en Dios. Profetizan, interpretan sueños y sencillamente "saben" cosas, pero no conocen a Dios.

He tenido muchas conversaciones con personas que confiesan que *sabían cosas* de modo sobrenatural antes de ser salvas. Cualquier cosa que la gente vea en el espíritu fuera de Dios solamente se ve mediante un tercer ojo. Un tercer ojo fue abierto en el huerto cuando Adán y Eva comieron del fruto prohibido. La Biblia dice que sus ojos fueron abiertos. Ellos ya tenían dos ojos naturales; por tanto, eso significa que un tercer ojo espiritual fue abierto. Ellos entraron en lo que Dios no quería que vieran.

Un tercer ojo está situado en el centro de la frente en el espíritu. Es un lugar de ignorante perspectiva espiritual demoníaca o de rebelión intencional. Muchas brujas utilizan el poder del tercer ojo para desafiar a Dios. Los individuos ignorantes que han tenido acceso al poder demoníaco mediante un tercer ojo, y luego acuden a Jesús y son salvos, puede que continúen operando en el poder del tercer ojo en un segundo plano. Muchas de esas personas no tienen idea de cómo tratar con eso. Muchas de esas personas crecen y pasan por distintos rangos en la iglesia hasta llegar a ser pastores, apóstoles y obispos. Inocentemente fluyen en las cosas del espíritu mediante terceros ojos. A pesar de sus inocentes intenciones, las fuerzas de las tinieblas siguen operando entre bambalinas por medio de sus dones. ¡Eso es brujería carismática! Dios nos advirtió que su pueblo perecía por falta de conocimiento. Debemos orar para que cada don en la casa de Dios sea dedicado a Él. Podemos cerrar terceros ojos, a fin de que los ojos de nuestro entendimiento sean iluminados y la esperanza de su llamado para nuestras vidas sea manifestada (Efesios 1:18).

SER AVIVADO PARA MOVERSE

Mi testimonio ha cambiado vidas por todo el mundo. Por medio de mi libro *Delivered to Destiny* [Libre para alcanzar su destino] personas han experimentado un cambio espiritual desde las prisiones de los planes políticos del mundo.[1] Tengo muchos galardones delante de Cristo, pero no significaban nada hasta que yo estuve en *Cristo*. ¡Lo que yo era, lo que hice, o dónde estuve no tenía verdadero significado hasta que yo estuve en Cristo! Cuando me predicaron el evangelio comencé a "ser". En Él obtuve mi ser. Lo que yo sea fuera de Él ni siquiera cuenta. Esta es una revelación muy importante cuando uno se está moviendo en el espíritu. Repita estas palabras: ¡FUERA DE DIOS NO SOY NADA! Este es el poder de moverse en el Espíritu: ¡reconocer que no somos nada en comparación con lo impresionante que Él es!

Cuando estaba orando acerca de este capítulo, oí al Señor decir claramente: "No con ejército, ni con fuerza, sino con mi Espíritu" (Zacarías 4:6). La palabra traducida como ejército en este pasaje es *koakh* en hebreo, y significa "tener la capacidad de obtener riqueza". Es la misma palabra en Deuteronomio 8:18, que se refiere al poder para obtener riqueza. La palabra *fuerza* es *chayil*, que significa "ser virtuoso y digno de guerra". *Chayil* es la misma palabra utilizada para la mujer virtuosa en el libro de Proverbios. Está claro que Dios quiere que tengamos virtud y poder para obtener riqueza. Lo que Zacarías quiere decir es que estar en Dios no se trata solamente de poder, de riqueza o de fuerza. Tener esas cosas y nunca tener el Espíritu de Dios es fútil. Debemos ser avivados para movernos por el Espíritu de Dios.

En el Antiguo Testamento la palabra *espíritu* se denomina el *ruwach*. *Ruwach* significa "aliento o viento de Dios". Cuando Dios creó a Adán, sopló *ruwach* en él. Adán era solo un montón de polvo hasta que recibió el *ruwach*. Eso es lo que somos sin Dios, ¡solo un montón de polvo! Después de que Adán recibiera el *ruwach*, comenzó a existir.

Génesis habla del "frescor del día". La palabra frescor es también *ruwach*. Hay un viento de Dios en el que podemos andar a lo largo de nuestros días. Es algo terrible cuando intentamos vivir nuestros días sin el *ruwach* de Dios.

El espíritu de orgullo hace que el hombre intente vivir sus días sin el Espíritu de Dios. Veamos Job 41:15-17:

La gloria de su vestido son escudos fuertes,
Cerrados entre sí estrechamente.
El uno se junta con el otro,
Que viento no entra entre ellos.
Pegado está el uno con el otro;
Están trabados entre sí, que no se pueden apartar.

Este pasaje se refiere a Leviatán, el rey de los hijos del orgullo. Sabemos que el orgullo es un espíritu, y por eso podemos decir que Leviatán no es solamente una criatura natural sino un espíritu. La palabra *aire* es también *ruwach* en hebreo. Las escamas de la espalda de Leviatán se describen como filas de escudos fuertes; son los escudos protectores de orgullo que no permiten entrar al Espíritu de Dios. Esas escamas o escudos están tan unidos unos a otros que no pueden entrar aire ni avivamiento.

Ser avivado significa ser resucitado o respirar aire fresco. Cuando los creyentes andan en orgullo, esa condición se refuerza a sí misma, y es imposible el avivamiento. Están destinados a no recibir nunca liberación, y el aire de Dios les es interrumpido. ¡Dios resiste a los soberbios! El orgullo espiritualmente ahoga al hombre, y no puede entrar nada de aire. Yo creo que por eso Dios declara que Él derramará su Espíritu (*ruwach*) sobre toda carne en Joel 2:29. El *ruwach* del que profeta Joel habló en el Antiguo Testamento se manifestó en el Nuevo Testamento como el *pneuma*.

Desde el principio Dios quería que camináramos en el frescor del día. Sin duda, en estos últimos tiempos debemos tener aún más su Espíritu. De eso se trata la restauración de la iglesia. Una de las definiciones de restauración es ser llevado de nuevo a la existencia. Los guerreros de oración deben entender que deben estar en Dios para hacer guerra espiritual.

Lector, si está usted embarcado en la guerra espiritual fuera de Él, ¡tratemos con ello ahora! Si no está usted en Él, le profetizo que el Espíritu del Señor está tratando con usted ahora. No permita que los espíritus religiosos o farisaicos le digan lo contrario a lo que el Señor le está diciendo ahora. Oremos:

Padre Dios, en el nombre de Jesús me arrepiento de intentar tratar en el espíritu fuera del Espíritu de Dios. Reconozco que he estado disparando con un arma que está a punto de petardear contra mí, y la dejo. Renuncio al espíritu de orgullo y a cualquier otro espíritu obstaculizante que quiera que salga de mi lugar en Dios. Señor, ¡gracias por la restauración total! Lo que el diablo intentó para mal ahora se cambia para mi bien.

¡Gloria al Señor! ¡Ahora estamos preparados para avanzar! Somos el ejército del Señor, y queremos estar plenamente equipados para estar en las líneas del frente. Están soplando vientos de restauración de los últimos tiempos, a fin de que los ejércitos del Señor se sitúen en su lugar. Eso es lo que ocurrió en Ezequiel 37.

La mano de Jehová vino sobre mí, y me llevó *en el Espíritu de Jehová*, y me puso en medio de un valle que estaba lleno de huesos.

—Ezequiel 37:1 (énfasis añadido)

A Ezequiel se le permitió ir en el Espíritu. La palabra *llevado* significa ser enviado con un mandato. Ezequiel tenía una tarea apostólica, ¡era un enviado! En el versículo 9 se le mandó profetizar al viento (*ruwach*); se le dijo que ordenara que los cuatro vientos del *ruwach* salieran y soplaran (enviara el *ruwach*) sobre quienes estaban muertos.

Muchos intercesores están viviendo en el valle de los huesos secos porque han sido muertos. ¡Necesitan avivamiento! Esos huesos secos representan lo que era improductivo y permanecía latente. Aunque los huesos estaban muertos, debió de haber habido potencial en ellos, o Dios nunca le habría dicho al profeta que profetizara sobre ellos. Solo porque las cosas parezcan estar muertas no significa que todo haya terminado. Dios nos ha dado el poder de decretar y declarar a las cosas muertas que vivan. Cuando lo hacemos, el diablo está bajo el mandato de "devolverlo", aun después de que se haya pronunciado como muerto. Este es uno de los más altos niveles de guerra espiritual: ¡resucitar a los muertos!

¡Dios sabe que necesitamos resucitar vidas de oración muertas! Yo profetizo a los oídos de los lectores de este libro que necesitan avivamiento en sus vidas de oración. En el nombre de Jesús, ¡levántese y sea la valiente fuerza en la esfera terrenal que Dios le ha llamado a ser! Las estadísticas dan miedo con respecto a cuánta oración se está elevando en realidad. Yo sé que Dios tiene un remanente, y de ninguna manera estoy diciendo que Él no lo tenga. Solamente estoy abordando el hecho de que hay un espíritu de falta de oración en la iglesia del que no se ha hablado. No estoy hablando de oraciones en los micrófonos, cuando todo el mundo puede oírlas. Estoy hablando de oración detrás del telón. ¿Cuántos están realmente poniéndose en la brecha? Necesitamos que sople un nuevo aliento de *ruwach* desde los cuatro extremos de la tierra a fin de que pueda levantarse un ejército para ponerse en la brecha.

A lo largo de los años ha habido grandes movimientos de Dios. El movimiento que necesitamos sacar del campamento enemigo es el avivamiento de la oración colectiva. Es momento de que los huesos secos de la iglesia se levanten y prosperen en intercesión y guerra espiritual.

Sigamos leyendo en Ezequiel 37:

> Y profeticé como me había mandado, y entró espíritu en ellos, y *vivieron*, y estuvieron sobre sus pies; un ejército grande en extremo.
>
> —EZEQUIEL 37:10 (ÉNFASIS AÑADIDO)

¡Guau! Ezequiel profetizó a los huesos secos y ellos no solamente cobraron vida, sino que se convirtieron en un gran ejército. ¿Se pondrá usted en la brecha para el valle de los huesos secos de intercesores y guerreros de oración en la iglesia? Permita que explique la diferencia entre un intercesor y un guerrero de oración. En el ejército natural, hay soldados generales y fuerzas especiales. Los guerreros de oración son las fuerzas especiales del Señor. Al igual que los huesos secos tuvieron que ser avivados, las personas deben ser avivadas al llamado del intercesor y el guerrero de oración.

En el versículo 14 Dios prometió poner su Espíritu (*ruwach*) en ese gran ejército y situarlo en su propia tierra. Cuando estamos en Él, ¡nos situamos en posición! No hay nada como estar en posición. Yo lo denomino: "mi posición llamada Allí". Cuando Josafat se salió del lugar con Dios, su solución fue sencilla: "Regresa al lugar con Dios". Dios envió al profeta a decirle que subiera por la cuesta de Sis (un lugar, 2 Crónicas 20:16). Dios también le dijo a Josué que mientras él permaneciera en el lugar que Él le había dado, la tierra le pertenecía. Como resultado de eso, sus enemigos no podían mantenerse delante de él (Josué 1:4-5).

Debemos orar de acuerdo a la Palabra y la voluntad de Dios; pero no debemos olvidar que es nuestra posición en la esfera espiritual la que alimenta el motor para oraciones que producen resultados.

LA ORACIÓN EFICAZ

Santiago 5:16 enseña: "La oración eficaz del justo puede mucho". Esto confirma lo que hemos estado estudiando en este capítulo. Hay un lugar donde debemos estar para liberar oraciones que produzcan resultados. Se denomina *el lugar correcto con Dios*. He realizado un estudio de las palabras de este pasaje. Veamos las definiciones:

- Eficaz – Oraciones que producen los resultados deseados. La raíz es efecto, que significa "poder que tiene influencia y produce resultados".

- Puede – Oraciones que tienen ventajas o beneficios al hacerlas.

Basándonos en las anteriores definiciones, podemos resumir Santiago 5:16 diciendo que nuestras oraciones deben liberar poder que tenga influencia, beneficie y tenga ventaja para producir resultados. Lo contrario de hacer oraciones eficaces es orar mal. A veces tomamos a la ligera el orar mal. ¡Es un grave pecado a los ojos de

Dios! La palabra mal es *kakos* en griego, y literalmente significa hacer oraciones malvadas.

Pedís, y no recibís, porque pedís mal, para gastar en vuestros deleites.

—SANTIAGO 4:3

Oh, cómo hemos malinterpretado este pasaje en la iglesia. Muchos dirían que este pasaje significaba que no tuvimos lo que necesitábamos porque no lo pedimos. ¡No es así! Este versículo en realidad significa que hemos estado pidiendo, pero lo hemos hecho *fuera de la voluntad de Dios*. La Biblia sí que dice que el Señor nos dará los deseos de nuestro corazón, pero Dios me dio una revelación concreta sobre esto (ver Salmo 37:4).

Cuando fui salva, tuve una experiencia con el Señor con respecto a esto. Dios respondía mis oraciones con tanta rapidez que yo estaba verdaderamente preocupada. Agradecía su amor y todo lo que Él hacía por mí, pero no conocía a ninguna otra persona por la cual Él se estuviera moviendo como se movía por mí. Un día le pregunté a Dios por qué se movía por mí del modo en que lo hacía.

Dios me dijo que Él agradecía cómo yo había renunciado a todo por Él. No había persona, lugar o cosa que yo no hubiera dado por Dios. Tuve un encuentro con Jesús, y eso dio la vuelta a todo el guión de mi vida. Desearía poder embotellar lo que sentí y a lo que renuncié. La gente no lo entendía y, adivine: ¡no importaba! Dios siguió diciéndome que cuando yo había renunciado a todo, Él quitó de mí los deseos de esas cosas y los sustituyó por sus deseos. Me dijo: "Ya ves, cuando respondo tus oraciones, ¡solamente estoy respondiendo mi voluntad para ti!".

Esta revelación se ha quedado siempre en mi corazón. Desde entonces he orado para que Dios quite de mi corazón cualquier deseo que no sea acorde con su voluntad para mi vida. Llegué a entender el hecho de que Dios sabe lo que es mejor para mí. Cuando la Palabra dice que Él nos da los deseos de nuestro corazón, para mí tiene un significado más profundo. Dios no solamente responde las oraciones que ya están en mi corazón; Él quita cualquier cosa que no sea su voluntad para mí y *literalmente me da los deseos* de mi corazón. Es como si Dios estuviera respondiendo sus propias oraciones por mí. Esa es la oración perfecta: ¡la voluntad perfecta de Dios!

Cuando Jesús intercedió, no oró su voluntad sino la voluntad del Padre. Los motivos son muy importantes para Dios cuando se trata de la oración. Cuando oramos, Dios no solo oye nuestras *palabras*, sino que también mira nuestros *corazones*. Jesús no hacía oraciones egoístas; Él se entregó a sí mismo para el propósito del Reino. Su intercesión estaba centrada en el Reino, y no en sí mismo. Cuando Santiago acusó al pueblo de orar mal, dijo que trataban de consumir sus propias lujurias (Santiago 4:3).

Lujuria es una palabra seria. Es un tipo de deseo que no tiene fin; ¡nunca es satisfecho! Nunca estar satisfecho es la maldición de la que se habla en Hageo.

Buscáis mucho, y halláis poco; y encerráis en casa, y yo lo disipé en un soplo. ¿Por qué? dice Jehová de los ejércitos. Por cuanto mi casa está desierta, y cada uno de vosotros corre a su propia casa.

—HAGEO 1:9

La gente en tiempos de Hageo buscaba que entrara mucho. Eso es lo que hace el espíritu de lujuria: ¡siempre quiere mucho! Ellos pasaban por alto las necesidades en la casa de Dios y solamente se preocupaban por sus propias casas "artesonadas" (v. 4). La palabra *artesonadas* significa a la moda y en orden.

Hageo habló a ese egoísta grupo de personas porque empleaban todo su tiempo y esfuerzo en sus propias casas y no querían construir la casa del Señor. Ellos decían que no era el tiempo, pero la realidad era que estaban llenos de egoísmo y de lujuria. La lujuria es autogratificante y nunca considera a nadie más.

Yo podría imaginar que aquellas personas de su tiempo sufrieron una gran pérdida. Dios no se agradaba de ellos. También estoy contenta de que Hageo no respondiera a eso como lo habrían hecho algunos ministros de la actualidad. En lugar de andarse por las ramas con ellos, les dijo que necesitaban "considerar sus caminos" (v. 7); les aseguró que su pérdida no estaba causada por el diablo sino por Dios. Dios sopló otro viento hacia ellos, que se denomina *naphach* en hebreo. Ese viento fue soplado por Dios, y desestimó la vida e hizo que se perdiera. También esparció, expiró y extinguió. No oímos predicar muchos mensajes desde nuestros púlpitos actualmente sobre el *naphach*. Se predique o no sobre él, ¡existe!

Orar mal no tiene nada que ver con una falta de oración; se trata de oraciones incorrectas. La palabra griega *kakos* significa también hacer oraciones que están enfermas y son graves a los ojos de Dios. En la oración e intercesión de guerra no podemos orar de cualquier modo. Las oraciones con el sentido de que cualquier viento que sople está bien por mí no están bien para Dios. Esas oraciones enviarán la brisa incorrecta a nuestro camino. En cuanto a mí y mi casa, ¡estamos en posición de recibir el *ruwach* y no el *naphach*!

Dios está trayendo restauración a la oración intercesora en los últimos tiempos, ¡en especial en Estados Unidos! De este movimiento de oración intercesora nacerán guerreros de oración. Antes de que las personas se conviertan en intercesoras, deben desarrollar una sana relación con Dios, lo cual fomentará vidas de oración que no estén enfermas a los ojos de Dios. Las personas deben pasar bastante tiempo con Dios para ser capaces de saber lo que a Él le gusta o le disgusta. Después de eso, pueden llegar a ser guerreros de oración y ser enviados a las primeras líneas. Hablando en general, los guerreros de oración deben ser experimentados, disciplinados y maduros. Desde luego, siempre existe, en Dios, la excepción de la regla. Él puede levantar un guerrero de oración del polvo de la tierra. De todos modos, eso es lo que somos.

PONERSE EN LA BRECHA

Hay un sonido que se está liberando en el espíritu y que está poniendo a los santos en alerta espiritual. Este sonido traerá una carga a los corazones de hombres y mujeres para que se pongan en la brecha de verdad. ¿Qué significa *ponerse en la brecha*? La palabra *brecha* es *perets* en hebreo, y significa abrir una grieta y causar una ruptura. Una brecha es un lugar donde ha ocurrido una infracción de una ley o de una norma, y ha habido una ruptura de relaciones amigables. ¡Ponerse en la brecha no se trata de hacer amigos! Es hacer guerra y declarar ilegal toda cosa que el enemigo esté tratando de hacer legal. Cuando nos ponemos en la brecha, literalmente estamos entre el diablo y cualquier cosa que él esté intentando hacer y la declaramos ilegítima. No hay tal cosa como ponerse en la brecha sin hacer guerra espiritual. La brecha es un lugar de guerra espiritual, y eso nunca cambiará.

Dios habló de ponerse en la brecha en dos pasajes:

No habéis subido a las brechas, ni habéis edificado un muro alrededor de la casa de Israel, para que resista firme en la batalla en el día de Jehová.

—EZEQUIEL 13:5

Y busqué entre ellos hombre que hiciese vallado y que se pusiese en la brecha delante de mí, a favor de la tierra, para que yo no la destruyese; y no lo hallé.

—EZEQUIEL 22:30

No solo somos llamados a ponernos en la brecha, sino también a hacer vallado. La palabra vallado es *gader*, y se define como el muro. Necesitamos guerreros de oración que se comprometan a volver a subirse a los muros. Es así como hacemos vallado; ¡marcamos una diferencia! ¿Cómo? Reconstruyendo los muros de oración en el siglo XXI que el enemigo ha quemado en años pasados.

Debemos rellenar los espacios de intercesión a fin de que el diablo no tenga lugar donde desarrollarse. Las brechas, los muros y las puertas de la iglesia se están poniendo en orden. Se están enviando órdenes a los guardas de las puertas y los vigías para que controlen las ondas espirituales. Dios está ungiendo *guardas itinerantes* con autoridad apostólica para manejar perímetros de la esfera espiritual asignados a ellos. No serán distraídos por una posición fija, y tendrán la capacidad de cambiar de tareas de oración a medida que el Señor lo requiera. Serán conocidos como moradores en brechas, vigías en muros y guardas de puertas. ¡Maniobrarán en el espíritu y animarán a otros a seguirlos! Los líderes que tienen hambre del poder de Dios están entrenando a intercesores que se conviertan en soldados del siglo XXI para el Señor. Hay un fuerte llamado que proviene de la Palabra del Señor en 2 Crónicas 7:14-15:

Si se humillare mi pueblo, sobre el cual mi nombre es invocado, y oraren, y buscaren mi rostro, y se convirtieren de sus malos caminos; entonces yo oiré desde los cielos, y perdonaré sus pecados, y sanaré su tierra. Ahora estarán abiertos mis ojos y atentos mis oídos a la oración en este lugar.

¿Responderá usted al llamado?

CAPÍTULO 6

La armadura del Señor

Las artimañas del enemigo

El entrenamiento básico fue una toda una experiencia para mí. Cuando el reclutador me recogió para ir al centro de procesamiento para entrar en el ejército, yo fumaba cocaína. Mirando por la ventanilla le decía que iba, a la vez que fumaba una pipa de crack. Como probablemente podrá imaginar, mi transición de las calles al entrenamiento básico fue bastante drástica. Al llegar al entrenamiento básico, el primer desafío del ejército para convertirme en una soldado fue hacer que lo pareciera.

A los nuevos reclutas los llevaban a un gran almacén que tenía una fila como si fuera una cadena de montaje. Nos daban todo lo que necesitábamos para ir vestidos como soldados. Nos daban botas, gorros, cinturones y uniformes. Antes de pasar a la fila, se nos daban órdenes para autorizar la recogida de uniformes. Es lo mismo en Efesios 6:11, donde a los creyentes se les dan órdenes espirituales de ponerse la armadura de Dios. Declara que debemos ponernos toda la armadura. *Holokleros* es una palabra griega para *todo*, y significa "completo en cada parte, sin dejar nada fuera, o ser perfectamente cabal". Nuestra guerra espiritual no puede ser perfectamente cabal a menos que usemos cada parte de la armadura de Dios que se describe en Efesios 6. El propósito de la armadura de Dios es muy claro.

Vestíos de toda la armadura de Dios, para que podáis estar firmes contra las asechanzas del diablo.

—EFESIOS 6:11

El propósito fundamental de la armadura de Dios es claro. Nos da el poder de estar firmes contra las asechanzas del enemigo en medio de días malos. La Biblia habla de las asechanzas en el Antiguo y el Nuevo Testamento.

SIGNIFICADO DE ASECHANZAS EN EL ANTIGUO TESTAMENTO

Por cuanto ellos os afligieron a vosotros con sus ardides con que os han engañado en lo tocante a Baal-peor, y en lo tocante a Cozbi hija del príncipe de Madián, su hermana, la cual fue muerta el día de la mortandad por causa de Baal-peor.

—NÚMEROS 25:18

En el libro de Números se menciona el asunto de Peor, refiriéndose a Baal-peor, conocido como "el señor de la abertura". Es el ídolo que impidió a veinticuatro mil de los hijos de Israel entrar en la Tierra Prometida porque adoraron a este ídolo. Fue algo más que una falta de fe; ¡ellos estaban en idolatría! Este pasaje también muestra que los madianitas vejaban al pueblo de Dios con sus asechanzas.

La palabra hebrea para asechanzas es *nekel*. Significa:

• Traición

• Conspiración

• Seducción

• Sutil

• Engaño

- Superchería

- Decepción

Los espíritus que llegaban en forma de ídolos engañaron al pueblo de Dios para que practicara la idolatría. La mayoría de la idolatría está arraigada en el fetichismo. Un fetiche es un objeto con un demonio asignado a él. Estar sujeto a las asechanzas del enemigo significa ser engañado. Pocas personas adoran al diablo voluntariamente; los métodos de él ciegan sus mentes haciéndoles pensar que están haciendo cualquier cosa menos adorar. La guerra espiritual de lo que se trata es de adoración. Dios desea nuestra adoración, pero el diablo también quiere ser adorado.

Una de las mayores escenas de guerra espiritual en la Biblia fue cuando el diablo llevó a Jesús a la cumbre del monte durante su experiencia en el desierto. Le pidió a Jesús que lo adorara y, sin embargo, le ofreció cosas del mundo. Cuando aceptamos del diablo las cosas del mundo, esa es la mayor forma de adoración. Adoración no es solamente *lo que hacemos*, ¡sino lo que *nos abstenemos de hacer*! Cuando aceptamos las ofertas del diablo, es un tipo de Baal-peor que abre puertas demoníacas en la esfera espiritual.

La mayoría de los creyentes tratan de servir a Dios, y por eso el enemigo tiene que usar métodos engañosos para hacer que le adoren ignorantemente. Pablo lo llamó el *altar al dios desconocido* (Hechos 17:23). Pablo dijo que ellos ignorantemente adoraban en ese altar.

SIGNIFICADO DE "ASECHANZAS" EN EL NUEVO TESTAMENTO

En el Nuevo Testamento, la palabra asechanzas es *methodeia* en griego. Aunque está relacionada con la palabra *método*, en realidad significa "operar bajo cubierta ambulante y *estar a la espera*". Esta es la verdad fundamental de las asechanzas del diablo: quedarse entre bastidores y observar a una persona hasta que surge un momento vulnerable a fin de poder atacar. Es importante que repasemos la palabra *método*. Es:

- Una técnica
- Un arte
- Un sistema
- Las maneras
- Las capacidades
- Las disciplinas
- Las prácticas habituales
- Los patrones
- Las clasificaciones
- Los planes
- Los arreglos ordenados

¡Todo eso es utilizado por el reino satánico para engañar al hombre y mantenerlo fuera de lugar con Dios! No es nuevo; comenzó en el libro de Génesis.

Y pondré enemistad entre ti y la mujer, y entre tu simiente y la simiente suya; ésta te herirá en la cabeza, y tú le herirás en el calcañar.

—GÉNESIS 3:15

LAS ASECHANZAS DEL ENEMIGO CONTRA EL HOMBRE NEGRO EN ESTADOS UNIDOS

En Génesis 3:15 Dios hablaba directamente al diablo. Le dijo al diablo que Jesús le heriría la cabeza y que él heriría el talón de Jesús. La palabra talón es *aqueb* en hebreo, y significa "estar a la espera". *Aqueb* proviene de otra palabra hebrea, *aquab*; esta palabra significa "agarrar por el talón y hacer refrenar". He preparado una enseñanza exhaustiva de este principio sobre el plan demoníaco contra la semilla del varón negro en Estados Unidos. Se llama "Mentiroso a la espera". Tal como se describe en Génesis, el enemigo yace a la espera para herir los talones de la semilla negra. Comprendo que el enemigo quiere todas las almas, pero el propósito de lo que quiero decir es abordar la tarea contra los jóvenes negros en Estados Unidos. He descubierto que la enseñanza sobre "El mentiroso a la espera" es una herramienta eficaz para sacar a los hombres negros de las prisiones y de las calles. Simplemente expone a la luz las artimañas del enemigo y deja que los hermanos sepan con lo que están tratando en realidad. Ellos obtienen una revelación de que tienen que ser sacados de debajo del poder del sistema que está pensado para que obre en contra de ellos. El poder de refuerzo de este sistema se ve fortalecido cuando ellos no saben quién es en realidad su enemigo.

No puede negarse que hay sistemas establecidos en Estados Unidos, por medio de los cuales los hombres negros están destinados a perder aun antes de comenzar. Un hombre negro necesita más para ser libre bajo circunstancias y situaciones naturales que un hombre blanco. Sé que estas palabras son fuertes, ¡pero debemos tratar con *cómo es*!

La raíz de este problema surge de la esfera espiritual y no de la esfera natural. Debido a que es una tarea espiritual, no hay soluciones naturales. Yo creo que nuestra eficacia para salvar a los hombres negros de los desastres de las calles, las cárceles y, finalmente, la tumba, está en enseñarlos quién es realmente su enemigo. Cuando ellos obtienen esta revelación, es un partido de fútbol totalmente nuevo. ¡Su enemigo no es el hombre blanco! Es el príncipe de las tinieblas, el mentiroso a la espera, quien agarra al hombre negro por los talones en la vida y lo refrena. ¡Dios nos ha dado poder sobre lo que el enemigo está haciendo entre bastidores! Una vez que él es agarrado... ¡se acabó!

Debido a que a muchos hombres negros no se les ha enseñado quién es realmente su enemigo, los grupos sectarios a favor de los negros están lavando los cerebros de jóvenes negros en nuestras universidades. Necesitamos guerreros de oración de la comunidad negra que se infiltren en las universidades a fin de que pueda realizarse un evangelismo eficaz.

La raíz del problema con los hombres negros en Estados Unidos no es el desempleo, la educación o ni siquiera "el índice de huérfanos de padre". Dios ha dicho que Él será un padre para el huérfano; por tanto, no podría ser eso (Salmo 68:5). Yo creo que es "el índice de huérfanos de Dios". Debido a la falta de Dios en los hogares, pocos padres están presentes.

Puede que pregunte: "¿Está diciendo que hay más personas blancas que personas negras que están sirviendo a Dios?". ¡Absolutamente no! Estoy diciendo que Satanás es un estratega, y que esta es su estrategia o asechanza contra los hombres negros en Estados Unidos. Como pueblo negro, tenemos nuestros demonios, y las personas blancas tienen los suyos. Los demonios viajan por las vías de las maldiciones generacionales, y si estamos en la misma raza, tendremos que tratar batallas similares. Los hombres negros en Estados Unidos pueden vencer las asechanzas del enemigo cuando reconocen quién es realmente su enemigo y sus métodos contra ellos.

PONERSE TODA LA ARMADURA

Observo que la armadura de Dios no es para santos especiales o apartados para la guerra espiritual; no es para los cinco dones ministeriales. Efesios 6:10 dice: "Por lo demás, hermanos míos, fortaleceos en el Señor, y en el poder de su fuerza". El versículo indica que la armadura de Dios es para "los hermanos". Esto significa que es simplemente para aquellos que son salvos y comprados por sangre. ¡Toda persona en el Cuerpo de Cristo debería ponerse toda la armadura de Dios!

Efesios 6:12 identifica contra quién es la batalla:

- Principados
- Potestades
- Gobernadores de las tinieblas de este siglo
- Maldad espiritual en las regiones celestes

El versículo 13 nos recuerda que los días serán malos. Esto significa que, como creyente, estará usted bajo ataque. Toda la armadura de Dios nos ayuda a detener los ataques del enemigo. Efesios 6:14-18 explica los detalles de lo que es cada parte de la armadura y su propósito.

El pasaje comienza diciéndonos que estemos firmes y nos pongamos nuestra armadura. Las palabras *estar firmes* son muy importantes, porque significan "estar establecidos en pacto". La palabra griega es *histemi*, y significa "permanecer en un pacto establecido". Cuando estamos firmes, permanecemos en las promesas del pacto de Dios. Ponerse toda la armadura de Dios es una parte de su pacto. El pacto de Dios nos promete que no importa lo enfurecido que esté el diablo, y lo malos que sean los tiempos, Dios nos guardará y nos protegerá.

La importancia de toda la armadura de Dios es que ninguna parte funciona sola. Si tiene usted sus pies calzados de paz y no tiene puesto el casco de la salvación, es fútil. Cada parte de la armadura nos ha sido dada por Dios para llevarla en los días malos. Personalmente, me resulta más fácil comenzar desde mi cabeza hasta mis pies cuando me pongo mi armadura. Después de estar espiritualmente vestida (de la cabeza a los pies), tomo la espada del Espíritu y el escudo de la fe, y salgo equipada para el día malo.

Repasemos cada parte de la armadura de Dios.

TODA LA ARMADURA DE DIOS

Parte de la armadura	Parte a cubrir	Nuestra ayuda
Casco de la salvación	Mente	Nos ayuda a permanecer salvos
Coraza de justicia	Corazón	Nos ayuda a estar en una relación correcta con Dios

Parte de la armadura	Parte a cubrir	Nuestra ayuda
Cinto de la verdad	Lomos	Nos ayuda a abstenernos de vivir mentiras, y nos protege de la impureza sexual
Calzado del evangelio	Pies	Nos ayuda a estar en la paz de la paz que el evangelio nos ha dado, a mantener al diablo bajo nuestros pies y a ser guiados por Dios
Espada del Espíritu	Nuestra ofensa/ defensa	Nos ayuda en la guerra y en el castigo judicial
Escudo de la fe	Nuestra defensa	Nos protege cerrando las puertas del enemigo
Orar en el Espíritu	Nuestra ofensa/ defensa	Edifica nuestra fe más santa y nos ayuda a guerrear contra lo desconocido

La lista anterior es una ayuda visual del funcionamiento de toda la armadura de Dios en nuestras vidas. Cada parte de la armadura tiene asignado cubrir una parte. Cubre nuestra mente, corazón, lomos y pies; también cubre nuestras posiciones ofensiva y defensiva contra el enemigo en el Espíritu.

La revelación que recibí sobre cada parte de la armadura provino de mi estudio del significado de cada parte de la armadura basado en los significados en griego de las palabras.

El casco

La palabra casco en nuestra armadura de salvación es *perikephaiaia* en griego, y significa rodear y proteger la cabeza. Cuando llevamos el casco de la salvación, nos capacita para una continua renovación de la mente. La mente es un campo de batalla espiritual, y sin el casco de la salvación es imposible tener una vida victoriosa en Cristo Jesús.

Cuando yo estaba en el ejército, salir de un edificio sin llevar cubierta la cabeza no se concebía. Literalmente me habían lavado el cerebro para creer que eso era inaceptable. La estrategia era que si la cabeza no estaba cubierta en tiempo de guerra, el enemigo podría fácilmente detectar a la persona desde arriba y convertirla en objetivo para el ataque. Por eso nuestras gorras y cascos se hacían para que encajaran dentro del paisaje a fin de que las fuerzas enemigas que volaran por encima de nuestras cabezas no pudieran identificarnos. El príncipe de la potestad del aire puede fácilmente detectar a los creyentes que no llevan puesto el casco de la salvación. Estoy convencida de que las personas que terminan apartándose se quitan el casco de la salvación en algún momento.

La coraza

La coraza de justicia cubre el pecho. En tiempos de los soldados romanos, los verdaderos guerreros llevaban una coraza para la batalla. Esta parte de la armadura es muy importante porque cubre el corazón. Ser justo significa estar en posición correcta ante Dios. Para hacerlo, ¡debemos guardar nuestros corazones!

La palabra coraza es *thorax* en griego. Significa llevar un corsé o lámina alrededor del pecho. Tengo una hermana que es oficial de policía en Jacksonville, Florida, y fácilmente puedo relacionar la coraza con su chaleco antibalas. Cuando ella está de servicio, ¡nunca está sin él! Es policía uniformada, y eso significa que puede ser fácilmente identificada. En cualquier momento ella puede meterse en un altercado peligroso y estar en medio de disparos.

Como no sabemos cuándo atacará el enemigo, creo que deberíamos ponernos toda la armadura de Dios cada día. Sin duda, necesitamos la coraza diariamente para guardar nuestros corazones. ¡La brujería discurre con fluidez por corazones sucios! Un corazón sucio es un corazón que no tiene una relación correcta con Dios. Los corazones sucios crean espíritus incorrectos. He conocido a guerreros de oración que eran poderosos pero que tenían espíritus incorrectos. Se desviaron de su curso al permitir que las semillas incorrectas fueran plantadas en sus corazones. ¡David era un gran guerrero de oración! Él oraba: "Crea en mí un corazón limpio... y un espíritu recto" (Salmo 51:10).

El cinto de la verdad

La siguiente parte de la armadura es el cinto de la verdad. Una pastora en Jacksonville, Florida (Jeanna Thomlinson) escribió un libro sobre los lomos de la verdad y me pidió que fuera a su iglesia a ministrar sobre ese tema. ¡Oh, cómo necesitamos los lomos de la verdad en la iglesia hoy día! La Biblia dice que nuestros lomos deben estar ceñidos con la verdad. La palabra *ceñidos* en griego es *perizonnumi*, y significa "estar atado con un cinturón".

No creo que sea casualidad que esta sea la parte de la armadura que cubre nuestras partes privadas. Solamente la verdad puede mantener sexualmente puro a un creyente. He conocido a algunos de los hombres y mujeres de Dios más grandes, y ellos han admitido o bien estar atrapados o casi atrapados por espíritus seductores. El nombre del hombre fuerte asignado contra los ministros del evangelio para llevarlos a la perversión sexual es *Seductor*. ¿Cómo lo sé? Todo no puede explicarse por los estudios de palabras en griego y hebreo o por un diccionario. Yo sé eso por el Espíritu de Dios, y si está de acuerdo con su espíritu, úselo; si no lo está, simplemente tómelo como mi opinión.

Seductor es un espíritu que atrae las almas de los hombres a las perversiones y les quita la rectitud. Es un demonio que viaja entrando y saliendo de los abismos del infierno en formas de belleza, poder y necesidad.

Seductor dará satisfacción a la necesidad de toda fantasía de lujuria. A quienes no pueden satisfacer sus necesidades en Dios, el espíritu seductor los atraerá a una satisfacción temporal. El problema es que eso solamente dura un minuto, y su final es la muerte.

Veamos la caída del hombre. La muerte que Adán y Eva experimentaron no fue una muerte natural; ellos vivieron cientos de años después de la Caída. En Génesis 2:25 (antes de la Caída) ambos estaban desnudos. Es interesante que después de que ellos cayeron, la Biblia declara su desnudez como si ellos nunca lo hubieran estado antes (ver Génesis 3:7). Parece que ese era un tipo diferente de desnudez, lo cual es confirmado en la *Concordancia Exhaustiva Strong*. La palabra *desnudos* en Génesis 2:25 es *arowm*, y simplemente significa no llevar ropa puesta. La palabra *desnudos* en Génesis 3:7 (después de la Caída) tiene un nuevo significado; es *eyrom* en hebreo, y proviene de otra palabra hebrea: *aram*. Esta palabra significa "ser desnudado". En otras palabras, esta desnudez estaba bajo una influencia fuera de Dios. Esta desnudez no era la desnudez natural en la cual Dios los había creado, y que significaba "estar expuestos y sin cubrir". Esta desnudez significaba "ser expulsados de la cobertura de Dios". La desnudez que vino sobre ellos en su naturaleza pecaminosa también se explica en la interpretación hebrea como astucia y sutileza. Ellos habían adoptado la naturaleza de una serpiente.

No tenemos que estar descubiertos en las áreas privadas de nuestras vidas, ¡en especial cuando se trata de la pureza sexual! Dios nos dio una vía de salida antes de que el enemigo ni siquiera pusiera su trampa. Si es usted un hombre o una mujer atados por la impureza sexual, ¡arrepiéntase y vaya hacia el otro lado! Ciña sus lomos con la verdad, y salga de la fortaleza que el Seductor ha adaptado para usted. Al igual que el enemigo tenía una trampa hecha a medida, ¡Dios tiene para usted una liberación hecha a medida!

Voy a hablar sinceramente: necesitará usted apoyo. Después de hacer la oración siguiente, póngase en contacto con alguien en quien pueda confiar. Si trata de vivir su liberación a solas, el enemigo le ahogará. ¡Dios tiene alguien para usted! Necesita buscar consejo, liberación y rendir cuentas.

En el nombre de Jesús, ato…

• Fornicación

• Pornografía

• Incesto

- Abusos deshonestos
- Homosexualidad
- Lesbianismo
- Adulterio
- Fantasía y lujuria sexual
- Pesadillas de los espíritus Incubus y Sucubus
- Orgías sexuales
- Adicciones a clubes de alterne y prostitutas
- Toda otra forma de perversión

¡Exprese las tareas que hayan sido establecidas contra usted! Ahora, ¡lea esta oración en voz alta!

Padre Dios, renuncio a todo ataque del enemigo contra mis lomos. ¡Anuncio lomos de verdad! Mis lomos están ceñidos con verdad, y no seré dejado desnudo y avergonzado. Espíritu Santo, tú eres mi guardador. Abre las puertas del consejo, liberación y responsabilidad en mi vida. Me separo a mí mismo de cada persona, lugar o cosa que serían un gatillo para desencadenar la perversión sexual en mi vida. Soy libre de todo espíritu de seducción.

Señor, te doy gracias porque esta atadura ya no es una trampa para mi alma. Cualquier espíritu que haya sido asignado a mis hijos (por maldiciones generacionales) mediante actos que yo haya cometido es maldito hasta la raíz y no puede fluir por mi linaje. En el nombre de Jesús, decreto y declaro que mis generaciones caminan en lomos de verdad. Amén.

Calzado del evangelio de la paz

Es importante que nuestros pies estén calzados con el evangelio de la paz. Los pasos del justo son guiados por el Señor. La Biblia dice que aunque pueda caer siete veces, todas ellas se levantará (Proverbios 24:16). Este es el pacto que tenemos con Dios con respecto a cubrir nuestros pasos. Puede que cometamos algunos errores, pero Dios finalmente nos libera y nos lleva a la victoria.

Cuando el libro de Efesios habla del evangelio de la paz, la palabra paz es la palabra griega *eirene*, que significa unir con paz, descanso y prosperidad y ser puesto a una otra vez. Cuando calzamos nuestros pies con la preparación del evangelio de la paz, prepara un sendero para que nuestro camino sea próspero. No solo se libera un descanso, sino que también "somos puestos a una" con la voluntad de Dios en nuestras vidas. Es peligroso intentar vivir la voluntad de Dios sin esta parte de la armadura de Dios.

La espada del Espíritu

La espada del Espíritu es un arma ofensiva y defensiva. La palabra *espada* es *machaira* en griego, y se define como un instrumento de guerra para el castigo judicial. Se relaciona con otra palabra griega, *mache*, y esta palabra se usa para comunicar controversia, lucha y pelea. ¡La espada del Espíritu es un arma usada para la guerra! Las armas están hechas para atacar y para proteger. Una espada puede usarse para apuñalar o para detener un golpe. Aunque esta parte de la armadura es ofensiva en naturaleza, también tiene una operación defensiva. Efesios 6:17 declara que la espada del Espíritu es la Palabra de Dios. Esta es la parte de la Palabra de Dios que juzga a nuestros enemigos. En tiempos bíblicos, Dios llevaba la espada a la tierra para juzgar a los enemigos de su pueblo. Este fue el caso con Babilona (ver Ezequiel 33:2). Nosotros no usamos la Palabra para juzgar a nuestros enemigos, pero cuando llevamos la espada en obediencia, nuestros enemigos son automáticamente juzgados por la Palabra de Dios.

El escudo de la fe

El escudo de la fe o *thureos* se describe en griego como un escudo grande con forma de puerta en el espíritu. Basándonos en esto, yo creo que podemos decir que cuando usamos el escudo de la fe, cierra puertas a nuestros enemigos.

Efesios 6:16 dice que sobre todo, deberíamos tomar el escudo de la fe a fin de que los dardos de fuego del enemigo sean apagados.

Esta es una parte muy importante de nuestra defensa en la guerra espiritual. Un escudo cubre y protege. Sin esta parte de la armadura, pueden abrirse puertas para encender los dardos del mal en nuestras vidas.

Orar en el Espíritu

La parte de la armadura de Dios que más se pasa por alto es "orar en el Espíritu". Muchos no lo consideran como parte de la armadura de Dios. Efesios 6:18 dice:

> Orando en todo tiempo con toda oración y súplica en el Espíritu, y velando en ello con toda perseverancia y súplica por todos los santos.

Muchos puntos poderosos provienen de este pasaje:

1. Orar en todo tiempo, en cada ocasión.

2. Orar con todo tipo de oración

3. Estar alerta y vigilar con fuerte propósito y perseverancia

4. Interceder por las personas de Dios consagradas

Como resumen, esta es la parte de la armadura que usamos ofensivamente, pero se convierte en una defensa para aquellos por los que nos ponemos en la brecha. Cuando liberamos un arma de oración, nuestros enemigos serán detenidos. ¿Ha pensado alguna vez en la oración como una parte de la armadura de Dios? Bien, ¡pues lo es!

Efesios se refiere a "todo tipo de oración". Eso significa que tenemos que orar en toda manera bíblica, ¡en especial "orar en lenguas"! Quienes niegan o descuidan el don de lenguas en sus vidas tienen un gran agujero en su armadura que hace que sean menos eficaces en el Reino.

Finalmente, "orar en el Espíritu" nos da la capacidad de ver u observar. Es la parte de la armadura que nos demanda vigilar al igual que orar. Vigilar es una parte de la armadura de Dios. Hablaremos de esto en profundidad en los dos siguientes capítulos.

CAPÍTULO 7

Las vigilias del Señor
(Parte 1)

Ser un vigía en el muro

En tiempos bíblicos las ciudades sin muros estaban abiertas al ataque. Los fuertes muros de protección eran la primera línea de defensa contra los ataques del enemigo. Lo mismo es cierto para el creyente que desea convertirse en un intercesor. En este capítulo quiero ayudarle a saber cómo usar los principios básicos de defensa para edificar fuertes "muros de oración".

Nehemías entendía que la restauración no podía realizarse en una ciudad a menos que se reconstruyeran los muros. Su propósito al edificar los muros de la ciudad era proporcionar un lugar para que la gente volviera a sus posiciones legítimas: "¡En el muro!". Los vigías eran situados estratégicamente sobre los muros para hacer sonar alarmas para alertar a la ciudad; pero antes de que pudieran asignarse sus puestos a los vigías, debían construirse fuertes muros.

Tres cosas son importantes para edificar muros de oración.

1. Gobierno

Proverbios 25:28 dice que si una persona no gobierna su propio espíritu, es como una ciudad con los muros derribados. Es importante que los vigías sean estables y tengan equilibrio en sus propias vidas. Cada ser humano viviente tiene problemas que tratar en su propia vida; sin embargo, los intercesores que son llamados a ser vigías deben tener gobierno sobre su propio espíritu. No pueden ser apartados del muro y vencidos por cada circunstancia y situación. La palabra hebrea para gobierno es *awtsar*, y significa:

- Ayunar

- Mantener

- Reunir

- Cerrar

- Refrenar el yo

- Ser capaz de permanecer

- Recuperarse

Los vigías no pueden ser movidos de su puesto por la guerra que los confronte en su puesto. Deben ser capaces de mantenerse firmes en medio de situaciones adversas. Los vigías del muro deben tener autocontrol; también deben tener la capacidad de recuperarse en caso de caer.

2. Estructura

Los muros se construyen para proporcionar una estructura sobre la cual las personas puedan operar. Un fundamento le da a un edificio la capacidad de permanecer y soportar. Los muros protegen de enemigos e influencias del exterior. Los muros de intercesión bien construidos proporcionan cobertura para los vigías cuando éstos oran. Esto evita las víctimas de guerra durante la intercesión.

El muro es un lugar donde se traza una línea en el espíritu.

Hay protección a un lado y problemas en el otro. La Biblia enseña que es difícil encontrar a gente que se ponga en las brechas o que haga vallado (Ezequiel 13:5; Salmo 80:12). La palabra *vallado* es *gader* en hebreo, y se refiere a un muro. Es difícil encontrar personas fieles que hagan vallados o construyan verdaderos muros de oración. En la Biblia los muros se creaban con vigías en ellos como un cerramiento para la ciudad. Ese cerramiento proporcionaba un diseño que incorporaba un plan de seguridad. Los vigías podían ser videntes para la ciudad, y al mismo tiempo el muro proporcionaba un lugar de seguridad para ellos.

El muro es también un lugar de acuerdo. Tenemos demasiados soldados solos y llaneros solitarios en el Cuerpo de Cristo en la actualidad. Un intercesor puede hacer huir a mil, y dos a diez mil (Deuteronomio 32:30). Donde dos o más tocan y se ponen de acuerdo, puede hacerse cualquier cosa (Mateo 18:19). ¡El muro proporciona una estructura que asegura la seguridad para todos! Muchos intentan ponerse en brechas y hacer vallados solos, ¡y no aguantan! Sufren reacciones en contra y represalias, cosas de las que el espíritu de acuerdo puede librarlos.

3. Tarea

Las tareas de oración son muy importantes. Durante años, les he dicho a mis intercesores que el muro no es un lugar para ser distraído por necesidades personales. Por ejemplo, si un vigía es asignado a una vigilia, él o ella no pueden quedar tan enredados en tiempo de adoración personal que el enemigo se cuele y se infiltre en el campamento. Cuando están de servicio, ¡la guerra espiritual es su adoración! Prestar atención al detalle mientras se está en la brecha por toda la ciudad es urgente. La tarea de oración del muro no es solo por "mí y mi casa, y nadie más". Cuando se ha comprometido usted a interceder, su tarea es la célula, la iglesia o la ciudad por la cual se le ha asignado orar.

La Biblia nos dice que no tenemos que preocuparnos por el mañana en cuanto a nuestras necesidades personales (Mateo 6:34). Si buscamos a Dios con respecto a las cosas que pertenecen al

Reino, todas nuestras necesidades serán satisfechas (Mateo 6:33). Los vigías en el muro deben estar dedicados a la causa. El *espíritu de necesidad* ha distraído a muchos intercesores y se ha convertido en un enemigo del muro. No podemos tener muros fuertes construidos por personas necesitadas. Quienes conocen a Dios harán grandes hazañas. Debemos conocerlo como un Proveedor; solo entonces lo conoceremos en poder. Si no podemos conocerlo a Él en provisión, realmente no podemos conocerlo en verdadero poder. Ser un vigía en el muro es una tarea seria. No es personal o recreativo, sino que es una situación de vida o muerte. Quienes no entienden esto pueden terminar con sangre en sus manos. En Ezequiel 33, Ezequiel era el vigía principal de Israel. Dios le dijo a Ezequiel que le dijera al pueblo que tomara a un hombre de entre ellos y le hiciera vigía (v. 2). Dios advirtió a Ezequiel que Él iba a traer la espada (juicio) sobre la tierra. Dijo que cuando el vigía viera venir la espada, era responsabilidad del vigía hacer sonar la trompeta. Si el vigía hacía sonar la trompeta y el pueblo ponía atención, salvarían sus vidas. Si el vigía los advertía y ellos no prestaban atención, su sangre sería sobre sus propias cabezas. Si el vigía no advertía al pueblo de lo que veía, la sangre de ellos sería sobre sus propias manos.

Muchos en la iglesia han descuidado decir lo que realmente veían porque no querían ofender a la gente. Yo vi esto manifestarse en la iglesia durante el huracán Katrina. Muchos predicadores no querían mencionar el juicio de Dios en relación con esa tormenta. Meses antes de que se produjera el huracán, muchos profetas habían profetizado que Nueva Orleáns sería barrida por el agua. Cuando llegó la tormenta, todo el mundo actuaba como si Dios se agradara de lo que sucedía en esa ciudad. Predicaban que Dios era un Dios de amor, y que el juicio no era un problema.

Alguien se ha saltado demasiados pasajes en la Biblia; ¡Dios no anda jugando con el juicio! En tiempos bíblicos, Sodoma y Gomorra fueron realmente destruidas. Hay ciudades modernas en países extranjeros que también han sido tragadas debido al vudú. Si Estados Unidos no deja de practicar abortos y fomentar los matrimonios entre personas del mismo sexo, entenderemos esto de primera mano. ¿Tomarán los verdaderos vigías en Estados Unidos sus posiciones correctas en el muro? Ellos deben decir lo que Dios está diciendo, y olvidarse de lo que la gente pueda pensar sobre ello. Cuando la espada del Señor toca la tierra, debemos tener cuidado de no caer bajo "la maldición del falso vigía". Isaías 56:10-11 habla de ello:

Sus atalayas son ciegos,
todos ellos ignorantes;
todos ellos perros mudos,
no pueden ladrar;
soñolientos, echados, aman el dormir.
Y esos perros comilones son insaciables;
y los pastores mismos no saben entender;
todos ellos siguen sus propios caminos,
cada uno busca su propio provecho,
cada uno por su lado.

La somnolencia es la enemiga del muro. A demasiados intercesores les gusta más dormir de lo que les gusta la obediencia a Dios. Desde luego, a todos nos gusta dormir bien, pero la maldición llega cuando el sueño nos roba nuestra unción para vigilar y orar. En el ejército, un soldado podía ser llevado a la cárcel por quedarse dormido mientras tenía una vigía. Recientemente oré por un soldado en el ejército que perdió dos rangos por esa misma ofensa.

Otros espíritus asignados contra los vigías son los espíritus de avaricia, ceguera e ignorancia. Estudiemos el pasaje sobre estos espíritus en profundidad.

ESPÍRITUS ASIGNADOS CONTRA LOS VIGÍAS

Ceguera

El propósito de un vigía es ser capaz de ver. Un vigía ciego es inútil para Dios.

Ignorancia

Ser *ignorante* significa no estar informado. Los vigías son situados en el muro para informar a la gente de lo que está sucediendo en el Espíritu y cómo se relaciona con ellos en lo natural. Los vigías tienen que ser capaces de discernir los tiempos e informar a la gente. La ignorancia religiosa es galopante en la iglesia. Los líderes son a veces tan superficiales que han perdido contacto con lo sobrenatural. ¡Jesús los llamó hipócritas! Dijo que ellos podían discernir el aspecto del cielo y de la tierra pero que eran ignorantes de los tiempos (ver Lucas 12:56). La palabra *tiempos* es *kairos*, y significa "épocas, ocasiones y oportunidades establecidas".

El espíritu del "perro mudo" (ver Isaías 56:10)

La palabra hebrea para *mudo* es *illem*, y significa "cegar y dejar sin habla, lengua atada, y poner en silencio". La palabra hebrea para *perro* el *keleb*, y significa "un hombre prostituto; un perro que aúlla (no tener ladrido sino sonar como un perro con dolor)".

Este es un espíritu de atadura en que la persona no solo está atada en desobediencia sino también en perversión y debilidad. La Biblia dice que ellos se tumban y les encanta dormir. Hay una palabra griega para *vigía (agrupneo)* que significa "dormir menos". Esta persona no puede dar la alarma para ayudar a nadie; ni siquiera puede gritar lo bastante fuerte para ayudarse a sí mismo. Cuando trata de gritar, emite un aullido, que es un sonido como el de un perro con dolor. Un buen perro puede dar la voz de alarma cuando se acercan extraños. Un perro que no puede ladrar o dar la alerta es inútil.

Cuando los perros son inútiles, existen solo para ser alimentados y cuidados. Un falso vigía en el muro solo se preocupa por que sus necesidades sean satisfechas; realiza su tarea de cualquier modo con el motivo de obtener siempre algo a cambio. Es aquí donde entra en juego el término *keleb*. Es la maldición del hombre prostituto. Toda prostitución es una abominación, pero la prostitución de los hombres es la más baja. Cuando un hombre somete su cuerpo a ser vendido por un precio, le cuesta más de lo que esté cobrando. ¡En realidad está vendiendo su puesto de director! Los prostitutos están destinados a estar bajo el control de otros y, finalmente, son débiles. ¡Un hombre débil es la *debilidad definitiva*! Cuanto más bajo tenga que inclinarse una persona para hacer algo, más débil le hace espiritualmente. Cuando un hombre se inclina hacia la prostitución, tiene que descender mucha distancia desde su lugar de dominio original. ¡Es una abominación ante Dios!

El espíritu del perro "avaricioso"

Un vigía no puede ser avaricioso. Una de las normas enumeradas para los obispos es abstenerse de toda avaricia (1 Timoteo 3:3). Proverbios 1:19 dice que el espíritu de avaricia arrebata la vida de la persona que obtiene posesión de las cosas que codicia. La Biblia también afirma que si codiciamos ganancia causará problemas a nuestras propias casas (Proverbios 15:27). Hay en realidad personas que son codiciosas y avariciosas continuamente, todo el día (Proverbios 21:26). El espíritu de avaricia abre la puerta a muchas aflicciones; este espíritu es un "perro avaricioso", lo cual significa que puede usted añadir el espíritu de avaricia a todo lo que expliqué anteriormente sobre la prostitución masculina, e imagine la atadura.

El espíritu del "no bastante"

Yo creo que las personas están atadas por el espíritu del "no bastante" porque nunca se han sentado a considerar el costo de lo que persiguen.

> Porque ¿quién de vosotros, queriendo edificar una torre, no se sienta primero y calcula los gastos, a ver si tiene lo que necesita para acabarla?
>
> —Lucas 14:28

Este pasaje dice que la gente se burlará de su fundamento si no tiene usted los medios para acabar. Dirán: "¡Este hombre comenzó a edificar y no tuvo bastante para terminar!". Uno de mis cosas favoritas que decirles a mis hijos es: "No importa lo bien que empiecen, tienen que tener bastante para terminar". Aunque estoy hablando sobre edificar muros de oración, este es un principio básico para la vida. Cualquier cosa en la vida que valga la pena hacer o tener le costará algo. ¡Hay un precio a pagar en la intercesión! Si sabe que tiene usted una tarea de oración, debe antes sentarse y calcular el costo. Después de que todo se haya sumado, restado, multiplicado y dividido, debe hacerse la pregunta: ¿Tengo bastante para terminar? Las personas están atadas por el espíritu del "no bastante" porque no tenían lo que necesitaban cuando comenzaron.

Cuando se embarque en cualquier tarea, debe ser capaz de hacerse dos preguntas:

1. ¿Le ha llamado Dios a hacerlo?

2. ¿Está usted dispuesto a entregarse a ello?

Si tiene eso, tiene bastante para terminar. ¡Jesús es el autor y el consumador de su fe! Él velará porque usted haga conforme a su palabra. Si no está usted seguro, espere en el Señor. Nunca persiga las cosas de Dios con un signo de interrogación en su cabeza.

El espíritu de interés (a mi manera o de ninguna manera)
Isaías 56 termina describiendo a los líderes espirituales que buscaban su propia manera para por un interés egoísta. Los vigías en el muro deben tener cuidado de no caer en esa misma trampa. Deben ser flexibles y abiertos a lo que no les sea familiar. Los espíritus familiares son el enemigo de la visión del muro. Los espíritus que hacen que la gente haga cosas solamente a su manera y fomentan el interés propio refuerzan los espíritus familiares. Se convierte en un círculo vicioso que es difícil romper.

CAPÍTULO 8

Las vigilias del Señor
(Parte 2)

¿Cuáles son las vigilias bíblicas del Señor?

Hay descripciones de vigilias tanto en el Antiguo como en el Nuevo Testamento. En este capítulo hablaremos de los varios tipos de vigilias de oración del Señor, pero veamos primero la diferencia entre una vigilia del Antiguo Testamento y una vigilia del Nuevo Testamento.

LA VIGILIA DEL NUEVO TESTAMENTO

Este tipo de vigilia es cuando se nos manda velar al igual que orar (Lucas 21:36). Cuando el Nuevo Testamento se refiere a este tipo de vigilia, habla de velar por el regreso del Señor. Hay dos palabras griegas que describen este tipo de vigilia: *gregoreuo* y *agrupneo*.

Ambas significan "estar despierto, estar vigilante, velar, orar y dormir menos".

LA VIGILIA DEL ANTIGUO TESTAMENTO

Este tipo de vigilia es en realidad una tarea u obligación. Se relaciona con los vigías del muro que protegía la ciudad. Hay dos palabras hebreas que describen esta obligación. *Koustodia* está relacionada con la palabra custodia, y significa ser responsable de una vigilia. *Phulakay* significa tener guardia sobre una persona, lugar o condición en una división concreta del tiempo o del día. Para resumirlo todo, la tarea del vigía era la de ser los ojos y los oídos de la ciudad. La actitud de un gran vigía es que si algo sucede, *¡no será en mi vigilia!* El vigía debiera enorgullecerse de su obligación; en realidad debiera tomar custodia de la vigilia y ser responsable de cualquier cosa que suceda. El vigía lleva la carga de la responsabilidad de la vigilia y cubre adecuadamente cada persona, lugar o cosa que estén bajo la jurisdicción de su vigilia. Jurisdicción bosqueja la autoridad que es dada, pero también da las limitaciones.

Dios dio instrucciones a su pueblo de establecer vigilias que delegaban autoridad durante diferentes turnos en la noche. Las vigilias hebreas comenzaban cuando se ponía el sol. Incluso en la creación, Dios trabajó desde la tarde hasta la mañana; es el patrón de Dios. En el Antiguo Testamento había solo tres vigilias originales. Cada vigilia era de cuatro horas, y los turnos comenzaban a la puesta del sol.

LAS VIGILIAS ORIGINALES DEL SEÑOR

1. La vigilia del principio – Lamentaciones 2:19

Este pasaje enseñaba a la gente a levantarse y clamar en la noche y *al principio de las vigilias*. La palabra *principio* es *rosh* en hebreo, y significa primero en tiempo, lugar y rango; también significa "más fácilmente conmovido". Esta es la vigilia apostólica que fue puesta en su lugar durante el tiempo en que el pueblo de Dios consideraba el comienzo del día: la puesta de sol. Por eso el *sabat* comienza en la tarde y no en la mañana. Al pueblo se le dijo que derramara su corazón como agua ante el rostro del Señor. Era el tiempo en que la gente levantaba sus manos al Señor por las vidas de sus hijos; era el tiempo en que la oscuridad podía ser fácilmente conmovida.

En Lamentaciones 2:18-19 Jeremías habló del *muro* como un símbolo profético. Dijo: "Oh hija de Sion, echa lágrimas cual arroyo día y noche; no descanses, ni cesen las niñas de tus ojos. Levántate, da voces en la noche, al comenzar las vigilias". Era el clamor del pueblo de Dios en la primera vigilia.

2. La vigilia central – Jueces 7:19

La historia de Gedeón en Jueces 7 con frecuencia se usa para relacionarla con la estrategia de la guerra espiritual del Señor. Para nuestros propósitos, me gustaría relacionar la experiencia de Gedeón con la intercesión. Los versículos 16-19 relatan cómo Gedeón dividió a los trescientos hombres de su ejército en tres compañías. Los cien hombres que fueron asignados a Gedeón salieron al comienzo de la *vigilia central* después del cambio de guardia. Esto indica que en realidad había tres vigilias. La palabra medio es *tiykown*, y significa "vientre de la vigilia, o la vigilia central sobre la que todo lo demás giraba". Esta era la vigilia durante la cual era plantada la semilla del mal contra los justos. Durante la intercesión de las vigilias, todo se edificaba alrededor de esta vigilia.

3. La vigilia matutina – Éxodo 14:24; 1 Samuel 11:11

La influencia griega y romana sobre la iglesia cambió las cosas según estaban cuando Dios originalmente las planeó para su pueblo. La vigilia matutina se consideraba la última vigilia. Nuestras mentalidades nos harían creer que esta era la primera. Fue durante la vigilia de la mañana que Dios desconcertó a los egipcios e hizo que sus carros fueran lentos cuando perseguían a los israelitas hasta el mar Rojo. Como resultado, los hijos de Israel obtuvieron victoria sobre sus enemigos y escaparon.

Al igual que Gedeón, Saúl dividió a su ejército en tres compañías, y mataron a los amonitas durante la *vigilia matutina*. Es evidente que obtenemos victoria sobre nuestros enemigos en la mañana. Esta palabra en particular, *mañana*, es *boqer* en hebreo, y se refiere a cuando rompe el día. Proviene de otra palabra hebrea, *baqar*, que significa "arar, romper y buscar". Durante los diez últimos meses hemos estado *ordenando a la mañana* en intercesión. Yo sé lo que significa buscar victoria en la mañana arando. Este es el fruto de la vigilia matutina. Cuando usted es fiel y dedicado, puede esperar victoria sobre sus enemigos cada vez.

LA VIGILIA DEL NUEVO TESTAMENTO

Sabemos que en el Nuevo Testamento se mencionan cuatro vigilias, que están basadas en el reloj romano. Debido a que usamos eso como medida de tiempo hoy día, es importante que repasemos también esta vigilia.

Primera vigilia – 6:00 a 9:00 de la tarde

Esta es la vigilia en la que se pone el sol. Muchas veces llevaban a los enfermos a Jesús para ser sanados cuando el sol se ponía (ver Marcos 1:32; Lucas 4:40). Cualquier cosa que es *primera* es apostólica y pionera. Esta es la primera vigilia después de que haya sido ordenada la mañana, y es el momento de llevar a cabo la unción del día. Quienes ciñen sus lomos en la primera vigilia deben tener la unción para entrar en nuevos territorios. Es un momento de milagros y de romper barreras. No es el momento de enfocarse en lo que se ha hecho antes. La primera vigilia es un momento en que quienes conocen a Dios serán fuertes y realizarán hazañas, lo cual significa hacer obras atrevidas y valientes. La primera vigilia debe comenzar con valentía y poder apostólicos.

Segunda vigilia – 9:00 a 12:00 de la noche

Cuando pienso en las vigilias del Señor, pienso en los equipos de relevos cuando yo corría en la universidad. Al igual que en las vigilias, hay cuatro vueltas en el relevo. La mayoría de entrenadores pondrían a su mejor corredor en la última vuelta, pero mi entrenador siempre ponía al mejor corredor en la segunda vuelta. Su estrategia era que si tenía a alguien que pudiera mantenernos en la carrera en la primera vuelta, un fuerte corredor en la segunda vuelta nos pondría en cabeza en la carrera. Un buen corredor de en la segunda vuelta podría controlar la carrera. ¡Siempre funcionaba! Nuestro equipo de relevos era el más rápido del país.

Utilizando ese principio, los intercesores fuertes deberían estar en la segunda vigilia; deberían ser intercesores experimentados (no principiantes) que sepan cómo moverse en el Espíritu. Necesitamos intercesores en esta vigilia que nos den ventaja sobre el enemigo antes de llegar a la medianoche.

Tercera vigilia – 12:00 de la noche a 3:00 de la mañana

Esta es la vigilia que hace la transición a la parte más oscura de la noche: la medianoche o la mitad de la noche. Las brujas se aprovechan de esta profunda oscuridad y llaman a este periodo de tiempo *la hora bruja*. A pesar de todos sus esfuerzos, ¡todas las vigilias pertenecen al Señor! Este es un periodo en que a las brujas les encanta plantar semillas de brujería. Han intentado secuestrar esta vigilia, la cual Dios ha creado para nosotros. En este momento necesitamos intercesores que no tengan miedo de darle la vuelta al falso gobierno de las brujas. Necesitamos intercesores que intercedan y recuperen del enemigo la autoridad que él ha tratado de robar. Será necesaria disciplina e intercesores estables que no tengan temor de tratar con la brujería en esta vigilia. Yo no pondría a novicios en esta vigilia.

Cuarta vigilia – 3:00 a 6:00 de la mañana

Esta es la vigilia de quienes se levantan temprano y de quienes ordenan a la mañana. Las actividades del día se establecen durante esta vigilia. Durante este periodo secuestramos las ondas del aire de la mañana para declarar la prosperidad de nuestros días. Fue en la cuarta vigilia cuando Jesús caminó sobre el agua (ver Mateo 14:25-33). El capítulo 10 de este libro, sobre convertirse en un ordenador a la mañana, le dará más información sobre esta cuarta vigilia. (Las personas que son nuevas en la intercesión, o que nunca han estado en un muro, deberían ser situadas en la primera o la cuarta vigilia.)

En los últimos tiempos, Dios está dando un mandato a su iglesia de despertarse, y velar y orar. Mateo 24:43 nos dice: "Pero sabed esto, que si el padre de familia supiese a qué hora el ladrón habría de venir, velaría, y no dejaría minar su casa". La palabra *ladrón* es *kleptes*, y se relaciona con la palabra cleptomaníaco. Un cleptomaníaco es alguien que roba por naturaleza y sin causa. ¡Satanás es un ladrón natural! Usted no tiene que hacer otra cosa sino vivir, y si él no ha tratado de robarle, lo hará, pues es un cleptomaníaco. El dueño de la casa en este versículo era un hombre a quien le habían robado. La mayoría de las personas piensan que el diablo ataca a gente que ha hecho algo malo. ¡No, él ataca a los hombres buenos! Entraron en la casa de ese hombre. La palabra *entrar* es *diorusso*, y significa que penetraron en su seguridad y minaron su casa. Cuando algo es minado, significa que el fundamento fue secretamente debilitado.

Yo creo que muchos de los trágicos eventos que hemos experimentado recientemente en los Estados Unidos están causando que se aviven las vigilias para volver a los muros. El ladrón ha penetrado en nuestra seguridad, y está causando que elevemos el estándar de seguridad. Al igual que el gobierno está elevando el estándar de la seguridad natural, los santos están elevando el estándar de la seguridad sobrenatural. Están regresando a los muros y asegurando las vigilias de la noche.

Isaías 52:8 habla de vigías que verán cara a cara. Isaías 21:6 dice que debemos poner vigías en los muros que no tengan temor de declarar lo que ven. ¡Profetizo estos pasajes sobre Estados Unidos! Nuestros vigías verán cara a cara, ¡y serán valientes para declarar lo que vean!

Repasemos los pasajes sobre este tema:

Ponen la mesa, extienden tapices; comen, beben.
¡Levantaos, oh príncipes, ungid el escudo!
Porque el Señor me dijo así:
Ve, pon centinela que haga saber lo que vea.

—Isaías 21:5-6

Y gritó como un león: Señor, sobre la atalaya estoy yo continuamente de día, y las noches enteras sobre mi guarda.

—versículo 8

La atalaya era un observatorio establecido para propósitos militares. Es donde los centinelas establecen su puesto. Las iglesias en Estados Unidos están estableciendo atalayas que serán observatorios. Los gritos de los vigías darán la alarma que no solo afectará a nuestro país, sino que establecerá nuevos estándares para edificar muros de oración en todo el mundo.

LA DIFERENCIA ENTRE VIGÍAS Y PORTEROS

En Nehemías 7 aprendemos que el muro fue terminado. Después de completar la edificación del muro, la gente fue situada en posiciones estratégicas en él (v. 3). También tenían porteros (v. 45); la palabra *portero* es *shoer*, y significa actuar como un guarda en la puerta.

Me vino a la mente la pregunta: ¿Cuál es la diferencia entre un portero y un vigía? Lo primero que me gustaría observar es que una persona no puede estar en el muro y controlar eficazmente el tráfico de las puertas al mismo tiempo, pues son funciones completamente distintas. Para ilustrar esta verdad, veamos el problema de la seguridad en los aeropuertos de Estados Unidos. Hay guardas de seguridad situados en las puertas de la parte delantera de la terminal. Solamente pasajeros o empleados del aeropuerto pueden pasar por esas puertas. Las puertas son puntos de control a las áreas del aeropuerto con una mayor seguridad.

En general se comprueban dos cosas en esos puntos: credenciales y contrabando. Los guardas en esas puertas normalmente no van armados, pero tienen la autoridad para permitir la entrada. Hay también oficiales armados, situados estratégicamente por todo el aeropuerto, que generalmente no están a la vista. Los agentes secretos y los oficiales de justicia de los Estados Unidos son quienes van fuertemente armados; sin embargo, están por allí sin ser detectados. Ellos tienen el verdadero poder del fuego entre bastidores. Uno nunca sabe quiénes son esas personas hasta que surgen problemas. Cuando surge un problema, ellos salen de la nada para tratar la situación. El *portero* es la persona que está en seguridad de la terminal, y el *vigía* es el oficial de justicia que está entre bastidores. Todos saben quiénes son los porteros de las ciudades, pero los vigías en los muros son quienes tienen el poder, aunque en un segundo plano. Aunque los porteros tienen una gran autoridad, el verdadero poder de la intercesión, el de un vigía, está entre bastidores.

Los porteros controlan el flujo de tráfico en una ciudad, permiten entrar a las *personas correctas*. Por otro lado, el vigía en el muro tiene un fuerte discernimiento en cuanto al enemigo. Cuanto más experimentado es el vigía, más de lejos puede detectar el acercamiento del enemigo. Es muy difícil comprobar quiénes son las personas correctas y al mismo tiempo mantener los ojos en el enemigo en la distancia. Aunque todos los intercesores deben tener una disposición defensiva y ofensiva, el portero y el vigía mantienen diferentes funciones generales de intercesión.

En 1 Crónicas 9 ordenaron y dieron puestos a 212 porteros (v. 22); también ordenaron a 4 porteros jefe que eran vigías y porteros (v. 26). Esto demuestra que una persona puede realizar ambas funciones, pero es un puesto poco común. En esa posición ellos tenían dos tareas:

1. Tenían la responsabilidad de atender la vigilia.

2. Abrían la casa cada mañana (guardando las puertas).

Recientemente tuve lo que sé que es un sueño profético. Yo estaba luchando con brujas con una poderosa espada, y las cortaba con esa espada. Ellas al principio estaban fuera de la casa, pero después penetraron en la casa y entraron. Yo me dirigí a una señora en mi ministerio y le grité que fuera y que dijera a todos los demás que había brujas en la casa. Cuando la miré a los ojos, de algún modo, y de repente, supe que ella era una planta del otro lado. Ella se dio cuenta de que su cobertura había desaparecido, y salió corriendo.

De inmediato subí por una escalera, y estaba sonando una fuerte alarma. Sonaba como la alarma de un barco. Yo llamaba a puertas y gritaba: "¡Despierten, hay brujas en la casa!". Personas en mi liderazgo estaban durmiendo en sus cuartos, y comenzaron a salir para ver lo que sucedía. Aunque todos vivíamos en diferentes direcciones, cuando sonó esa alarma todos teníamos un cuarto en la misma casa. Así es en el espíritu. En el Cuerpo de Cristo, cuando el enemigo ataca a la iglesia, todos tenemos un cuarto en ella. En el sueño las brujas penetraban por nuestras puertas, y se infiltraban en la casa. Necesitamos vigías en nuestras iglesias hoy día que den la alarma con respecto a la infiltración del enemigo. Los porteros jefe cerraban las puertas por la noche y las abrían en la mañana.

Anteriormente señalé el significado de los porteros y de los vigías. Hay excepciones de la regla. Cuando se trata de guerra espiritual, mi regla favorita es que "no hay reglas".

Zacarías hijo de Meselemías era portero de la puerta del tabernáculo de reunión. Todos estos, escogidos para guardas en las puertas, eran doscientos doce cuando fueron contados por el orden de sus linajes en sus villas, a los cuales constituyó en su oficio David y Samuel el vidente. Así ellos y sus hijos eran porteros por sus turnos a las puertas de la casa de Jehová, y de la casa del tabernáculo. Y estaban los porteros a los cuatro lados; al oriente, al occidente, al norte y al sur. Y sus hermanos que estaban en sus aldeas, venían cada siete días según su turno para estar con ellos. Porque cuatro principales de los porteros levitas estaban en el oficio, y tenían a su cargo las cámaras y los tesoros de la casa de

Dios. Estos moraban alrededor de la casa de Dios, porque tenían el cargo de guardarla, y de abrirla todas las mañanas.

—1 CRÓNICAS 9:21-27

Los porteros jefe no solo estaban a cargo del tráfico de las puertas cada mañana, sino que también tenían el "cargo" de ellas. La palabra *cargo* es *mishmereth*, y significa ser un centinela en puesto situado para una vigilia. Yo creo que es interesante observar que los porteros implicaban a sus hijos en la supervisión de las puertas de la casa del Señor. La tarea del enemigo es matar a nuestra semilla. Es pertinente que entrenemos a nuestros jóvenes en la intercesión de alto nivel.

Los jóvenes en Estados Unidos están asumiendo importantes asuntos en el país en nuestro sistema judicial ¡Eso es bueno! Hay cosas que suceden en las tinieblas que la siguiente generación sacará a la luz.

CAPÍTULO 9

Las vigilias de la noche

La vigilia falsificada de Satanás

Aunque las vigilias del Señor comienzan en la puesta de sol y continúan hasta el amanecer, este es un tipo distinto de "vigilia nocturna". Se refiere a las vigilias de la noche demoníacas. El salmista dijo que él las anticipaba.

Me anticipé al alba, y clamé;
Esperé en tu palabra.
Se anticiparon mis ojos a las vigilias de la noche,
Para meditar en tus mandatos.

—SALMO 119:147-148

A lo largo de este libro le he recordado un principio muy importante en la guerra espiritual: todo lo que Dios tiene, el diablo lo falsifica.

El diablo tiene una vigilia nocturna falsificada. Las palabras *de la noche* en el Salmo 119:148 fue insertada por los traductores, y se refiere al uso de *noche* en Génesis 1:5. En el idioma hebreo, la palabra *noche* es *layil*, y significa "adversidad que viene en la oscuridad o aquello que está lejos de la luz". Muchos tienen temor de admitirlo, pero hay cosas que hacen ruidos misteriosos en la noche. El Salmo 91:5 promete protección del terror que llega en la noche. Aquí la palabra *noche* es también *layil*; por tanto, el libro de Salmos confirma el hecho de que hay cosas que suceden en la noche de las que necesitamos ser protegidos. Si no puede usted entender lo que estoy diciendo en el Espíritu, echemos un vistazo a algunas circunstancias naturales.

¿Ha observado que cuando una persona tiene una enfermedad o un resfriado los síntomas empeoran en la noche? Cuando rompe el día, los síntomas parecen mejorar.

En Nehemías 7:3 los porteros fueron advertidos de mantener las puertas cerradas hasta que el sol calentara. Esto significa literalmente que las puertas de Jerusalén debían permanecer cerradas hasta que el ministerio del sol alcanzase su mayor potencial. La palabra *sol* es *shemash*, y significa "actividad o ministerio a la luz del día". Cada parte de los cielos tiene un ministerio o una tarea encomendados por Dios.

La Biblia también nos dice cómo el lloro puede durar en la noche pero el gozo viene en la mañana (Salmo 30:5). Cuando Jacob luchaba con el ángel, él se asió del ángel hasta que rompió el día (Génesis 32:24). La palabra "romper" es *álah*, y significa "hacer elevarse o levantarse". Esta palabra también significa "restaurar o recobrar". Sí, es cierto. Hay ayuda que llega en la mañana; es cuando Dios interviene para liberarnos de las tareas (semillas) del enemigo, las cuales han sido plantadas en la noche. Yo ministro a muchas brujas y brujos que tratan de pasar al lado del Señor. Todos ellos dicen lo mismo: el mal está en su punto álgido durante las horas más oscuras de la noche. Los puntos altos comienzan a medianoche o en mitad de la noche, cuando la luz está más alejada de la tierra.

Las personas del lado oscuro han intentado secuestrar este periodo de la noche y llamarlo "la hora bruja". Generalmente va desde las 12:00 de la noche hasta las 3:00 de la mañana. Tengo noticias para el diablo y su gente… *cada minuto del día le pertenece al Señor*. El Salmo 74:16 dice que el día y la noche le pertenecen al Señor. Desgraciadamente, el diablo es lo bastante estúpido para pensar de modo distinto; sigue liberando terror que llega en la noche. Muchas personas son atacadas a altas horas de la noche en sus sueños, y no le prestan a eso ninguna atención. ¡Los sueños son muy reales! De hecho, mis sueños son a veces más reales para mí que cuando estoy despierta. Yo soy una soñadora, y en realidad a veces quedo atrapada entre ambas esferas cuando estoy durmiendo y puedo ver planes claros del enemigo.

En una ocasión después de ser salva, mientras dormía vi una calavera descender por mi garganta. Como estaba durmiendo, parecía ser solamente un sueño, pero la realidad fue que me desperté con congestión en mi pecho que no se me quitó durante muchos años. Yo estaba en Japón la semana en que la enfermedad transmitida por el aire, el SARS, surgió. Estaba perpleja en cuanto al porqué todos llevaban mascarillas. No descubrí lo que sucedía en realidad hasta que me fui de Japón y fui a Hong Kong. Una noche, mientras dormía en Hong Kong, un demonio me atacó en mi cuerpo físico; parecía estar descendiendo por mi garganta. Mientras dormía, sentí que me ardía la garganta y que mi cuerpo estaba muy débil. ¡Me sentí morir! El demonio me habló en mi sueño y anunció que era el demonio del brote de la enfermedad en Japón. No tenía ningún nombre en aquel momento. Literalmente luché con aquel demonio toda la noche; él me decía que yo iba a morir, y yo le decía que cuando me levantara en la mañana estaría totalmente sana.

La mañana siguiente fui sanada, pero seguía teniendo dolor por el demonio que había descendido por mi garganta. Dios me permitió saber que no había sido solo un sueño. Había tenido un encuentro con el espíritu de muerte: SARS. Mis patrocinadores en Hong Kong enviaron a un médico local a mi habitación, y él confirmó que yo estaba bien. La noche siguiente advertí a la gente de Hong Kong que la enfermedad que se había liberado en Japón había llegado a Hong Kong. Nadie prestó mucha atención a lo que dije en aquel momento. La enfermedad no causó un gran daño en Japón, pero más adelante en ese año las noticias en todo el mundo dijeron que la epidemia había matado a un gran número de personas en Hong Kong. Las palabras que yo dije no cayeron a tierra.

Esa enfermedad fue un terror que llegó en la noche; era un espíritu literal de muerte.

Yo creo que aun las tácticas del terrorismo se realzan en la noche. Los planes y las semillas son plantados de modo que las flechas sean liberadas en el día. Recientemente yo estaba ordenando a la mañana, y Dios me despertó y me dio cierta palabra. No me siento dirigida a liberar esa palabra ahora. Busqué la palabra en la Internet, y cuando pulsé la tecla de inmediato me llevó a una página web terrorista. Alerté a mis intercesores, y comenzamos a hacer guerra espiritual contra los ataques terroristas. Unos cuantos días después de ese incidente un grupo terrorista fue desmantelado en Miami, Florida. Se reunían en un viejo almacén en un barrio pobre, y se entrenaban durante la noche. Al igual que el salmista declaró, "nosotros anticipamos las vigilias de la noche".

Dios nos dará la capacidad de anticipar los planes de nuestros enemigos. En 2 Reyes 6:12 Dios mostró a Eliseo las cosas que el rey de Siria hablaba en su recámara contra el rey de Israel. Eso evitó que Israel fuera atacado, porque estaba advertido de los planes del enemigo. ¡Qué mover de Dios tan poderoso! Deberíamos esperar que Dios nos mantuviera tres pasos por delante de nuestro enemigo.

Yo tengo una canción estilo rap titulada "Diablo, huye, ¡te veo!". Se refiere a cuando el enemigo se esconde tras la esquina esperando asustarnos. Vivimos en la época en que los santos mirarán tras la esquina y le dirán al diablo: "No funciona; ¡te veo venir!". El único poder que tiene el espíritu de terror está en el hecho de que nos agarra fuera de guardia.

EL SECRETO CONSEJO DE LOS MALVADOS

En el capítulo 64 de los Salmos, David hizo una oración por ayuda contra sus enemigos. Este pasaje ha consolado a muchas personas que se ven sometidas al ataque demoníaco de las vigilias de la noche. No entenderá usted de lo que estoy hablando a menos que haya experimentado este tipo de ataque.

Si ha estado experimentando guerra espiritual, necesita entender que ha estado bajo el ataque de *las vigilias de la noche demoníacas.* Dios dice que su pueblo perece por falta de conocimiento (Oseas 4:6). Las brujas y los hechiceros se aprovechan de los cristianos que no creen que existan tales cosas.

David era un hombre según el corazón de Dios, pero hasta él oraba por ser liberado de las vigilias de la noche demoníacas:

Escucha, oh Dios, la voz de mi queja;
Guarda mi vida del temor del enemigo.
Escóndeme del consejo secreto de los malignos,
De la conspiración de los que hacen iniquidad,
Que afilan como espada su lengua;
Lanzan cual saeta suya, palabra amarga,
Para asaetear a escondidas al íntegro;
De repente lo asaetean, y no temen.
Obstinados en su inicuo designio,
Tratan de esconder los lazos,
Y dicen: ¿Quién los ha de ver?
Inquieren iniquidades, hacen una investigación exacta;
Y el íntimo pensamiento de cada uno de ellos,
así como su corazón, es profundo.
Mas Dios los herirá con saeta;
De repente serán sus plagas.
Sus propias lenguas los harán caer;
Se espantarán todos los que los vean.
Entonces temerán todos los hombres,
Y anunciarán la obra de Dios,
Y entenderán sus hechos.
Se alegrará el justo en Jehová, y confiará en él;
Y se gloriarán todos los rectos de corazón.

—SALMO 64:1-10

Es muy difícil para los creyentes entender que haya personas al otro lado que no juegan limpio. Intencionadamente quieren destruirnos. En el Salmo 119:161 David habló de príncipes que le perseguían sin causa.

Puede que piense: *Yo no le hecho nada a nadie.* Bien, la verdad del asunto es que aun así sigue estando calificado para estar bajo el ataque de las vigilias de la noche. El pasaje dice que ellos disparan flechas a los rectos; la versión King James inglesa usa la palabra *perfectos*. La palabra *perfecto* significa "el justo o recto". A ellos les encanta atacar al inocente. La palabra hebrea *layil*, traducida como noche en el Salmo 119:148, está directamente relacionada con otra palabra, *Lilith*. *Lilith* es el demonio del desierto mencionado en el Antiguo Testamento. Se le conoce como la lechuza o la vieja bruja en Isaías 34:14. En el idioma babilonio, este espíritu es conocido como *Lamashtu*. *Lilith* es el símbolo del movimiento feminista, y tienen festivales *Lilith* por todo el país como tributo a este demonio.

Lilith es un espíritu que odia al hombre. En el folclore, ella es enemigo declarado de Dios. Este demonio hace votos de matar a todos los bebés antes de que lleguen al primer año de vida. Cuando yo oro contra la muerte en la cuna, ato al espíritu de *Lilith*; es un espíritu de pesadilla que ahoga a los bebés cuando están durmiendo.

Los espíritus de Incubus y Sucubus son también pesadillas. Una pesadilla no es solo un sueño; es un ataque de un espíritu. Las pesadillas pueden producirse durante el día o la noche. La hora en que esos espíritus atacan no es lo importante; es su presencia la que provoca terror mientras uno está durmiendo o en cualquier momento del día. Una *pesadilla* se define como un sueño que va acompañado de opresión e indefensión. Siempre que la opresión es una manifestación, el diablo está operando tras los bastidores.

Delante del mundo, muchas personas famosas han muerto misteriosamente mientras dormían, pero para mí no es un misterio. Aunque los profesionales de la medicina han dado una diagnosis natural, yo creo que la fuente del problema es espiritual. Son manifestaciones de terrores nocturnos.

El enemigo extiende su poder poniendo trampas en privado y en secreto para los creyentes. Judas 1:4 habla de "ciertos hombres" que se colaban en la iglesia y pasaban "desapercibidos". Esta palabra es *pareisduno*, que significa "infiltrarse y crecer al lado". Moisés creció al lado de los Faraones, y su conocimiento de ellos desde dentro finalmente obró en contra de él. Judas trabajó al lado de Jesús. Cuanto más cerca puede estar el atacante de su objetivo, más exitosos serán sus intentos. Jesús anticipó los motivos de Judas; Él finalmente envió a Judas a que hiciera lo que había decidido hacer (Juan 13:27). Judas meramente ayudó a Jesús a cumplir su misión global. A veces Dios incluso permitirá que los enemigos se acerquen a nosotros a fin de que podamos cumplir su llamado en nuestras vidas.

Los malos se enorgullecen de decir: "¿Quién nos verá?" (Salmo 64:5). Pero sus esfuerzos son fútiles cuando nosotros hemos anticipado lo que ellos intentarán durante las vigilias de la noche. Cuando nos levantamos temprano para ordenar a nuestras mañanas, la Biblia dice que nuestras oraciones salen y se encuentran con Dios; y nuestros enemigos son dispersados.

> Levántese Dios, sean esparcidos sus enemigos,
> Y huyan de su presencia los que le aborrecen.
>
> —Salmo 68:1

> Mas yo a ti he clamado, oh Jehová,
> Y de mañana mi oración se presentará delante de ti.
>
> —Salmo 88:13

Porque amamos al Señor, puede ser difícil entender que haya personas que odian a Dios; pero si odian a Dios, y usted ama al Señor, ¡LE ODIAN A USTED! Las personas a las que yo no les gusto no son amables con mis hijos. Los hombres malvados le odian a usted porque es usted un hijo o hija de Dios. Jesús nos advierte que si el mundo le odió a Él, también nos odiará a nosotros (Juan 15:18).

Sin embargo, hay repercusiones para quienes odian a Dios y a sus hijos. El Salmo 64:7 habla de cómo Dios disparará una flecha inesperada a quienes ponen trampas y disparan flechas secretas y a sus hijos. Ellos atacaron de repente, y recibirán la venganza de Dios de repente. Ellos serán heridos, y sus propias lenguas se convertirán en armas contra ellos (64:7-8). ¡Dios volverá contra ellos las palabras que ellos hayan hablado contra usted! Y todos los hombres verán lo que Dios les hará. Debido a la venganza de Dios, ellos no podrán dar gloria alguna al diablo por sus malvadas tramas; por el contrario, todos los hombres "considerarán sabiamente" lo que Dios está haciendo.

¿Quiénes son las personas que manejan las vigilias de la noche? Son quienes se rebelan contra la luz. Job 24:13 dice que ellos no conocen el camino de la luz ni cómo permanecer en su vereda:

> Ellos son los que, rebeldes a la luz,
> Nunca conocieron sus caminos,
> Ni estuvieron en sus veredas.
> A la luz se levanta el matador; mata al pobre y al necesitado,
> Y de noche es como ladrón.
> El ojo del adúltero está aguardando la noche,
> Diciendo: No me verá nadie;
> Y esconde su rostro.
> En las tinieblas minan las casas
> Que de día para sí señalaron;
> No conocen la luz.
> Porque la mañana es para todos ellos como sombra de muerte;
> Si son conocidos, terrores de sombra de muerte los toman.
>
> —JOB 24:13-18 (ÉNFASIS AÑADIDO)

Este pasaje nos advierte que cuando se hace oscuro, los hombres malvados intentan penetrar en nuestros muros de protección. Nosotros somos hijos de luz, y la luz siempre quita las tinieblas. Aunque se formen armas contra nosotros en la medianoche, Dios nos guardará durante la noche. Nuestros enemigos son derrotados al romper el día.

LA UNCIÓN DEL CREPÚSCULO

Crepúsculo significa estar en un lugar de transición o neutralidad; también significa estar en un lugar donde las cosas no están claramente definidas. Podemos decir que crepúsculo significa estar entre dos luces.

> Dijo luego Dios: Haya lumbreras en la expansión de los cielos para separar el día de la noche; y sirvan de señales para

las estaciones, para días y años, y sean por lumbreras en la Sexpansión de los cielos para alumbrar sobre la tierra. Y fue así. E hizo Dios las dos grandes lumbreras; la lumbrera mayor para que señorease en el día, y la lumbrera menor para que señorease en la noche; hizo también las estrellas.

—GÉNESIS 1:14-16

Dios creó dos grandes lumbreras. Cuando esas lumbreras cambian turnos —ya sea en el día a la puesta de sol o en la noche al amanecer— se denomina *crepúsculo*. La palabra clave es *cambio*. Durante el crepúsculo, el tiempo literalmente cambia de un lado a otro. Cuando estudié las Escrituras con respecto al crepúsculo, descubrí que ocurrieron muchas cosas significativas durante este periodo del día.

Podemos aprender de las ungidas revelaciones acerca de la hora del crepúsculo. El pasaje de 1 Samuel 30:17 dice que David golpeó a los filisteos durante el crepúsculo. El versículo de 2 Reyes 7:5 relata la historia de los leprosos que se levantaron al crepúsculo durante la hambruna en Samaria; salieron por la puerta de Samaria al crepúsculo para ir al campamento enemigo de los sirios. Descubrieron que sus enemigos estaban huyendo simultáneamente (en el crepúsculo) del campamento sirio porque oyeron "el sonido de un gran ejército" (v. 7). En su prisa por huir, los sirios dejaron su botín para que los leprosos lo disfrutaran al llegar. Los leprosos obedecieron a Dios aun cuando las cosas no estaban claras para ellos. La hora del crepúsculo es un tiempo de obediencia; es cuando usted está entre el desafío y la victoria. En hebreo, la palabra crepúsculo es *nehsef*, y significa:

"Comienzo de la luz";
"Moverse hacia la luz";
"Luz creciente";
"Lo que se desarrolla o lo que uno comienza a percibir".

Los leprosos sabían que no podían quedarse donde estaban; no tenían otra elección sino avanzar hacia la promesa (luz). Aun en un lugar de oscuridad, debemos proponernos avanzar hacia la promesa.

La promesa está representada por la luz. Por eso los malvados no conocen el camino de la luz, pues no tienen esperanza o promesa en Dios.

El primer paso para avanzar hacia una cosa es levantarse. Los leprosos primero tuvieron que "levantarse" antes de poder "avanzar". No se desanime si ha sido derribado en la batalla. La Biblia nos alienta al decirnos que el justo caerá siete veces y se levantará, pero el malvado caerá en su daño (Proverbios 24:16). ¡Los leprosos se levantaron otra vez! En su estado ya levantados, Dios los guió a no olvidar de dónde habían salido. Él demandó que compartieran el botín con la ciudad israelita. La misma luz que los bendijo sería una maldición para ellos si no hacían lo correcto.

Luego se dijeron el uno al otro: No estamos haciendo bien. Hoy es día de buena nueva, y nosotros callamos; y si esperamos hasta el amanecer, nos alcanzará nuestra maldad. Vamos pues, ahora, entremos y demos la nueva en casa del rey.

—2 REYES 7:9

El crepúsculo demanda obediencia. Efesios 4:26 nos advierte que no dejemos que se ponga el sol sobre nuestro enojo. Cuando somos obedientes a Dios, nos situamos en el lugar para tener victoria sobre los malvados. ¡El diablo puede falsificar todo excepto la obediencia a Dios! Eso nos da la ventaja contra las tinieblas.

Malaquías 4:2-3 asegura que si tememos el nombre del Señor, el Sol de Justicia brillará por nosotros con sanidad en sus alas. Como resultado de eso, pisotearemos a los malvados, y ellos se convertirán en cenizas bajo nuestros pies. El Salmo 101:8 también añade que mañana tras mañana podemos desarraigar la maldad de la tierra a fin de que los malvados sean eliminados de la ciudad del Señor. Este es el combustible que fue puesto en mi tanque para convertirme en una comandante de la mañana durante la cuarta vigilia. Puede aprender usted más sobre esta vigilia en el siguiente capítulo.

CAPÍTULO 10

Alistarse para convertirse en un comandante de la mañana

¿Qué es un comandante de la mañana?

D urante toda mi vida nunca había sido una persona de mañanas. Después, al comienzo de mi salvación, el Señor comenzó a despertarme a altas horas de la madrugada. Siempre he disfrutado de la adoración, el estudio de la Palabra y de pasar tiempo con Dios en la mañana. Sencillamente hay algo especial en ello. Recientemente me he convertido en una comandante de la mañana, ¡y eso ha cambiado mi vida! Para entender lo que quiero decir con "una comandante de la mañana", debo acompañarle por la Palabra de Dios.

¿Has mandado tú a la mañana en tus días?
¿Has mostrado al alba su lugar,
Para que ocupe los fines de la tierra,
Y para que sean sacudidos de ella los impíos?

—JOB 38:12-13

Está claro que Dios estaba pintando para Job el cuadro de quién era Él... el Creador. Aunque eso fue una reprimenda para Job, debería convertirse en combustible en el tanque de un creyente de los últimos tiempos. Dios le recordó a Job que él no había mandado a la mañana ni había hecho que el alba conociera su lugar, de modo que la maldad pudiera ser sacudida de los cielos.

La posición que me gustaría tomar sobre este asunto es que lo que Job no hizo, ¡nosotros podemos hacerlo! Jesús derrotó a las tinieblas y les dio las llaves del Reino de los cielos a todos los creyentes. ¡Esas llaves pueden abrir puertas en el Espíritu para capturar nuestros días! Con ellas podemos usar la vida y la muerte de nuestras lenguas para declarar la voluntad de Dios en nuestras vidas.

Cuando Dios creó a la humanidad, nos dio dominio sobre las cosas del aire, el mar y la tierra. La parte que asusta es que Él no dio dominio a los cristianos (ellos no existían en aquel momento); ¡Él dio dominio a la humanidad! Las brujas y los hechiceros han estado caminando en ese dominio durante años, mientras que la iglesia se ha quedado sentada religiosamente y ha aceptado cualquier cosa que se le impusiera en la vida.

No tenemos que aceptar las cosas tal como el enemigo las disponga en la vida. Podemos abrir la voluntad de Dios en los cielos. En primer lugar, es importante saber que hay puntos de control demoníacos en los cielos; esos puntos de control han sido usados para manipular nuestros días. Los malvados han entrado en lo sobrenatural para intentar controlar nuestros destinos. Quienes mandan a la mañana pueden capturar sus días. Todo plan malvado que el enemigo haya plantado puede ser sacado de los cielos para manifestar victoria en la tierra.

Comprendo que esta enseñanza no es común o cómoda. A medida que le llevo por las Escrituras, es mi oración que usted se levante y brille a la luz de esta revelación. Vivimos en los últimos tiempos, y las cosas no se están poniendo fáciles. Dios está activando una generación de personas que se levantan temprano a fin de poder desprogramar los planes del enemigo para nuestros días. Al hacer eso, también podemos reprogramar nuestros días para la voluntad de Dios.

Dios me habló claramente y dijo que Él me daría misterios para traer el cielo a la tierra. Muchas personas tratan de llegar al cielo, y eso es bueno. Yo quiero llegar al cielo, pero también quiero sacar más de la vida en la tierra. Para sacar más de la vida, debemos hacer oraciones que traigan el cielo a la tierra. Jesús nos dijo que deberíamos orar que el Reino de Dios viniera a fin de que se hiciera la voluntad de Dios en la tierra como en el cielo (Mateo 6:10).

Cuando secuestramos las ondas de la vigilia de la mañana, el cielo desciende a la tierra. Mencioné la cuarta vigilia en el capítulo anterior. No creo que sea una coincidencia que Jesús anduviera sobre el agua durante la cuarta vigilia. Yo relaciono la cuarta vigilia con el último cuarto de un partido. No importa lo que haya sucedido en los primeros tres cuartos (vigilias); cualquier cosa puede suceder en la cuarta vigilia.

La Biblia habla de enemigos que maquinan maldad contra el inocente en la noche (Miqueas 2:1). El Salmo 91:5 habla del terror de la noche. A las 6:00 de la tarde los días comienzan a avanzar hacia la oscuridad, y los malvados empiezan a acechar. Nosotros solíamos tener un dicho en el mundo: "Los locos salen en la noche". ¡Oh, qué cierto es! Por eso muchas personas no pueden dormir; los atormentadores son liberados en la noche. Como mencioné en el último capítulo, muchas enfermedades y maldiciones son transferidas en las horas de la noche. La respuesta de Dios al terror de la noche es una fuerza radical de comandantes que se levantarán temprano en la mañana para revertir las maldiciones de la noche. Eso se hará mediante la alabanza y adoración tempranas, la intercesión, declaraciones y decretos.

Los intercesores que se levantan temprano para orar deben tener una revelación del dominio. Este dominio es básicamente la autoridad que Dios nos ha dado sobre todo lo que Él creó. Jesús les dijo a sus discípulos que ellos podrían tener un nivel de autoridad para hablar a montañas, y las montañas se quitarían (ver Mateo 21:21). La Biblia también dice que podemos hablar cosas que no son como si fueran (ver Romanos 4:17).

Basándome en eso, puedo decir que podemos hablar a las cosas, y también podemos pronunciar cosas para que existan. Cuando

Proverbios 18:21 habla del poder de la lengua, en realidad se refiere al dominio de la lengua. Hay dominio en la lengua que puede cambiar naciones. Los hombres operaban en este tipo de dominio a lo largo de la Biblia. Elías mandó a los cielos que se cerraran y que no lloviera durante más de tres años, y le obedecieron (Santiago 5:17). Josué habló al sol y a la luna y les ordenó que se detuvieran, y fue así (Josué 10:12). ¿Dónde está ese tipo de dominio en la iglesia hoy día?

Estados Unidos es la moderna "tierra que fluye leche y miel". Nuestra mentalidad occidental ha impedido el verdadero dominio en nuestras iglesias, y ha tenido un gran impacto sobre nosotros espiritualmente. Nos hemos hecho cómodos y estamos contentos, mientras que las iglesias en otros países no tienen otra elección sino caminar en el poder sin explotar de Dios. ¡En Estados Unidos tenemos demasiadas opciones! Debemos tener cuidado de no prosperar hasta el punto de llegar a ser impotentes. Este capítulo es mi testimonio sobre cómo podemos caminar en el dominio que Dios ha reservado para los últimos tiempos. ¡Jesús nos mandó hacer "cosas mayores" que las que Él hizo!

Este capítulo confirmará el hecho de que podemos obedecerle en esta esfera hoy día. ¡Yo lo veo y lo experimento todo el tiempo! Recientemente estaba en Montgomery, Alabama, en una reunión. Me detuve en una librería para comprar algunos libros. El aparcamiento de la librería estaba lleno de pequeños pájaros negros que volaban a unos cuatro metros de altura sobre el aparcamiento. Llenaban los árboles, y había tantos sobre los cables telefónicos que yo creí que se iban a romper. Todo el mundo se comportaba como si aquello fuera normal, pero yo sentí que no era normal. Sabía que algo andaba mal.

Cuando le pregunté sobre ello a mi conductor, él respondió indicando que no era nada. Yo tranquilamente puse mis manos sobre la ventanilla de la limusina (nadie en el auto podía oírme) y dije: "Si esto es brujería, vete, ¡en el nombre de Jesús!". Lo que vi de inmediato me dejó atónita. Tenía que haber cien mil pájaros congregados sobre aquel aparcamiento. Cuando yo hablé, todos los pájaros se elevaron al aire en líneas (como humo) y desaparecieron en el cielo como si fueran puntos. No quedó ni un solo pájaro. Lo irónico es que yo no hablaba totalmente en serio cuando lo dije. Pensé: *¡Guau, eso es realmente hablarle a la montaña!* Todos en el auto fueron testigos de cómo se iban los pájaros, pero no oyeron mis palabras. Los pájaros no se dispersaron; subieron al cielo según un patrón. Cuando las personas que viajaban conmigo se preguntaron en voz alta lo que habría sucedido, yo les expliqué lo que yo había dicho, y todos nos fuimos boquiabiertos.

De este incidente yo recibí realmente una revelación del poder de la lengua. ¡Hay vida y muerte en el poder de la lengua! Aunque yo estaba bromeando, eso no quitó poder a mis palabras. Cuando pensé sobre lo que había sucedido, recordé lo que un gran hombre de Dios, el Dr. Kingsley Fletcher, me había dicho una vez: "Todo lo que Dios creó tiene oídos". Aunque yo susurré desde lejos en el aislamiento de mi auto, los pájaros oyeron y obedecieron.

Estoy de acuerdo en que todas las cosas tienen oídos. Si eso no fuera cierto, las cosas que Dios creó no le habrían oído cuando habló para darles existencia. En la creación, Dios habló a cosas que no eran, y ellas le oyeron y comenzaron a existir.

En la iglesia decimos que El-shaddai significa "el Dios del más que suficiente". Una vez estaba hablando con un escriba hebreo que dijo que esa no era la interpretación correcta para El-shaddai. Dijo que significa "el Dios que dijo: ¡Suficiente!". Explicó que si Dios no hubiera dicho suficiente, hubieran seguido creándose cosas. Cuando Dios habla, toda la creación está atenta. Hoy día nosotros tenemos esa misma autoridad.

¿Sabía usted que la mañana tiene oídos? Cada día, toda la creación espera la manifestación de los verdaderos hijos de Dios. ¿Quiénes son? Son los que caminarán en dominio sobre todo lo que Él creó, y Él ha puesto toda la creación bajo nuestros pies. Debemos caminar en su dominio.

No solo la mañana tiene oídos, sino que también tiene un vientre y alas. Como hijos de Dios, podemos hablar palabras espermáticas que impregnen la mañana. Cuando el sol salga en el día, dará nacimiento a la voluntad de Dios para nuestros días. No tenga temor de tratar en los cielos. Los cielos fueron creados para hablar por nosotros. Los cielos fueron creados para declarar la gloria de Dios, y nuestros destinos son una parte de esa gloria. Si yo fuera usted, me deleitaría al ponerme de acuerdo con los cielos para declarar lo que Dios tiene para mí, y para poner en abierta vergüenza a mis enemigos.

El Salmo 119:147 dice que podemos anticiparnos al amanecer y que nuestros ojos pueden anticiparse a las vigilias de la noche de vigías malvados.

¿Se levantará en la mañana y cegará el tercer ojo del enemigo que observa su destino? ¿Se convertirá en un centinela de la cuarta vigilia? Al final de este capítulo hay una oración y algunas referencias bíblicas para que comience en ese camino.

Tenemos más de seis mil intercesores que se han apuntado en mi página web para mandar a la mañana. Tenemos dos mil intercesores en Costa Rica que actualmente están mandando a la mañana también. Joy Strang, directora de finanzas de Strang Communications y esposa de Steve Strang, fundador y presidente de Strang Communications, tiene tres mil quinientos intercesores que se han unido a nosotros en oración. Para resumir, casi doce mil personas están orando por asuntos que conciernen a nuestras vidas cotidianas, y hemos sido testigos de movimientos milagrosos de Dios.

Dios nos dio la tarea de orar contra los huracanes. Declaramos en mayo de 2006 que no tendríamos una estación de huracanes. Hasta la fecha, ¡Estados Unidos no ha experimentado un huracán! Yo creo que los resultados de nuestros esfuerzos no son un secreto. Cuando hay realmente un acuerdo en oración, ¡Dios se mueve! Cuando oramos la voluntad de Dios, ¡Él se mueve! Cualquier cosa que digamos, ¡realmente sucede! Cuando les dijimos a las tormentas que se fueran hacia el norte, ¡se fueron hacia el norte! Cuando les mandamos a las tormentas que se hicieran depresiones, los meteorólogos anunciaron que habían tocado tierra y se habían convertido en depresiones tropicales. Los meteorólogos predijeron que el año 2006 sería el peor año de tormentas. Nosotros profetizamos contra sus palabras en la cuarta vigilia, y sus palabras fueron cambiadas. ¡Ellos quedaron confundidos ante el mundo! Al igual que Dios dijo que haría en 1 Corintios 1:19, Él confundió las mentes de los lógicos y los estadistas. En obediencia a su palabra, cerramos las bocas de los pronosticadores. Al principio, los profesionales dijeron que habría once tormentas principales, y luego cambiaron a siete. Ahora las han rebajado a cinco. ¡Yo digo que habrá cero! Dios quiere que el mundo sepa que Él sigue estando a cargo y que Él está usando a su poderosa novia para demostrarlo.

Desde que hemos estado mandando a nuestras mañanas y capturando nuestros días, hemos visto a Dios moverse en los escenarios políticos, el deporte profesional y aun en Hollywood. El testimonio que se queda en mi corazón es el hecho de que mi hijo Michael acaba de ser puesto en la lista para los New York Giants. Él no solo entró en el equipo sino que Dios está enviando su nombre delante de él. Tiene ofertas de importantes contratos y la HBO actualmente está realizando un documental acerca de su historia y de la mía. La gente no puede creer que él realmente haya llegado a un equipo de la Liga de Fútbol Nacional sin experiencia universitaria. Aunque él ha quedado fuera cinco veces, el tiempo obró a su favor. El día en que llegó al equipo, se estrenó una película titulada *Invencible*. Era la historia de un hombre que llegó al equipo de los Philadelphia Eagles sin ninguna experiencia. Yo creo que fue una señal profética. Cuando decretamos y declaramos lo que parece imposible para el hombre, Dios lo respaldará con señales y maravillas.

Para alistarse en mi ejército de oración y convertirse en un comandante de la mañana, puede entrar en la página kimberly daniels.com.

ORACIÓN DEL "COMANDANTE DE LA MAÑANA"

Padre Dios, ¡en el nombre de Jesús me levanto temprano para declarar tu señorío! Me pongo bajo la cobertura y la unción de quien madruga. Me pongo de acuerdo con los cielos al declarar tu gloria. Señor, libera para mí los misterios para traer el cielo a la tierra. Las estrellas (ángeles principales) están peleando por mí de antemano.

*Mis tiempos designados han sido establecidos por Dios en
los cielos. Declaro palabras espermáticas que se pondrán en con-
tracto con el vientre de la mañana y la embarazarán. Cuando
salga el sol, el amanecer dará nacimiento a la voluntad de Dios,
y la luz brillará en la maldad para expulsarla de los cielos. En
el crepúsculo mis enemigos huirán, y nuevos botines encontrados
me esperarán en mi destino. ¡Mi destino es inevitable!*

*Oh, Dios, que mis oraciones lleguen a ti esta mañana.
Mando a la mañana que abra sus oídos a mí y escuche mi
clamor. Que se produzca la concepción a fin de que la oración
se derrame como lluvia y sea entregada a la tierra para hacer
tu voluntad.*

*Mando a la tierra que se ponga en su lugar para recibir
las instrucciones celestiales por mí. Mis tierras están sometidas. Mando a todos los elementos de la creación que presten
atención y obedezcan. A medida que mi oración resuena
conforme rompe el día, la tierra me dará su abundancia.
¡Declaro que ha llegado la primera luz!*

*El primer fruto de mi mañana es santo, y todo el día será
santo. Profetizo la voluntad de Dios a la mañana a fin de que
el día (el amanecer) sepa cuál es su lugar en mis días. Decreto
que la primera luz expulsará la maldad de los cuatro térmi-
nos de la tierra. Las cuerdas (mi porción) han caído por mí
en lugares agradables (dulces), y tengo una herencia segura.*

*Estoy estratégicamente alineada con la escalera que toca
el tercer cielo y reposa sobre la tierra. Los ángeles están descendiendo y ascendiendo según las palabras que yo pronuncio.
Cualquier cosa que yo ate o desate en la tierra ya está atado
o desatado en el cielo. Revelación, sanidad, liberación, salvación, paz, gozo, relaciones, finanzas y recursos que han sido
demoníacamente bloqueados ¡son liberados para mí ahora! Lo
que está siendo liberado para mí es transferido a toda persona
con la que me relaciono. ¡Soy contagiosamente bendito!*

*Cuando mando a la mañana y capturo el día, el tiem-
po está siendo redimido. El pueblo de Dios ha tomado*

autoridad sobre la cuarta vigilia del día. Las ondas y auto-pistas espirituales están siendo secuestradas para Jesús. La atmósfera de las ondas sobre mí, mi familia, mi iglesia, mi comunidad, mi ciudad, mi estado, mi país y el mundo está produciendo un nuevo clima. Este nuevo clima está edifi-cando una piadosa fortaleza en tiempos de problemas. El pensamiento de la gente conducirá a los planes del Reino de los cielos.

Todo plan demoníaco o malvado, todo patrón de pensa-miento pensado contra el plan del Reino del cielo es destruido en la raíz de su concepción, ¡en el nombre de Jesús! Me pongo de acuerdo con los santos; como hemos sufrido violencia, ¡arre-batamos! Ya no aceptaremos ninguna cosa demoníaca que nos venga en nuestros días. Declaro que el Reino ha venido, y la voluntad de Dios se hará en la tierra así como en el cielo.

Cuando el sol salga hoy, que brille favorablemente sobre el pueblo y los propósitos de Dios. El destino diario es mi por-ción porque no pienso en el mañana. Vuelo sobre las alas de la mañana a un nuevo día de victoria. Dios, tú separaste la noche y el día para declarar mis días, años y estaciones. Yo soy la luz de la tierra, y he sido separado de la oscuridad. ¡Esta luz declara mi destino!

El Señor me ha dado dominio sobre los elementos y sobre toda obra de sus manos; los ha puesto bajo mis pies. Debido a que temo el nombre del Señor, el Sol de Justicia saldrá con sanidad en sus alas, y yo pisaré a los malvados hasta que se conviertan en cenizas bajo mis pies. Me comprometo a andar en este dominio cada día. Decreto y declaro un nuevo día, una nueva estación y una nueva unción. Como las ordenanzas de las constelaciones han recibido órdenes de Dios en cuanto a mí, se manifestarán en la esfera terrenal. Los ingredientes de mi des-tino están programados en mis días, años y estaciones. Ato toda fortaleza que intente capturar mi destino de modo ilegítimo.

Ruego la sangre de Jesús sobre todo principado, potestad, gobernador de las tinieblas y maldad espiritual en las regiones *celestes asignados contra mi propósito. ¡Ato cualquier pirata de destino, ladrón de destino y devorador de destino en el nombre de Jesús! Son destronados y desmantelados, y no tienen influencia en mis días. Toda maldición enviada contra mis días es revertida y vuelve a los abismos del infierno. Expulso al espíritu luciferiano.*

Ato todo falso portador de luz que falsifique al hijo de la mañana. Mis oraciones interrumpirán planes oscuros y darán a mis enemigos un día no próspero. Tengo victoria sobre mis enemigos cada mañana. Porque obedezco al Señor y le sirvo, ¡mis días prosperarán! Este es el día que hizo el Señor, y me alegraré y me regocijaré en él. Amén.

Cuando haga esta oración:

1. Comience leyendo esta oración textualmente.

2. Cuando haya estudiado los pasajes y tenga un entendimiento de aquello por lo que está orando, comience a insertar sus propias palabras a medida que va leyendo la oración (ver las referencias de pasajes a continuación).

3. Tenga enumerados sus objetivos de oración antes de orar. Cree los suyos propios, pero, por favor, póngase de acuerdo con nosotros en los puntos de oración que serán dados al Comandante de la mañana semanalmente.

4. Esté preparado para recibir perspectiva profética de parte de Dios a medida que ora, y haga una lista para usarla en su tiempo de oración (tenga a mano pluma y papel).

5. Póngase en contacto con nosotros en: morningcommander@kimberlydaniels.com para testimonios, revelaciones y comentarios.

REFERENCIAS BÍBLICAS (PARA LA ORACIÓN DEL COMANDANTE DE LA MAÑANA)

Los cielos cuentan la gloria de Dios.

—SALMO 19:1

Desde los cielos pelearon las estrellas; desde sus órbitas pelearon contra Sísara.

—JUECES 5:20

Tu pueblo se te ofrecerá voluntariamente en el día de tu poder, En la hermosura de la santidad. Desde el seno de la aurora.

—SALMO 110:3

¿Has mandado tú a la mañana en tus días?
¿Has mostrado al alba su lugar,
Para que ocupe los fines de la tierra,
Y para que sean sacudidos de ella los impíos?

—JOB 38:12-13

Se levantaron, pues, al anochecer, para ir al campamento de los sirios; y llegando a la entrada del campamento de los sirios, no había allí nadie... Y así se levantaron y huyeron al anochecer, abandonando sus tiendas, sus caballos, sus asnos, y el campamento como estaba; y habían huido para salvar sus vidas.

—2 REYES 7:5, 7

Mas yo a ti he clamado, oh Jehová,
Y de mañana mi oración se presentará delante de ti.

—SALMO 88:13

Te alaben los pueblos, oh Dios;
Todos los pueblos te alaben.
La tierra dará su fruto;
Nos bendecirá Dios, el Dios nuestro.

—SALMO 67:5-6

Toda la congregación de los hijos de Israel se reunió en Silo, y erigieron allí el tabernáculo de reunión, después que la tierra les fue sometida.

—JOSUÉ 18:1

Las cuerdas me cayeron en lugares deleitosos,
Y es hermosa la heredad que me ha tocado.

—SALMO 16:6

Y soñó: y he aquí una escalera que estaba apoyada en tierra, y su extremo tocaba en el cielo; y he aquí ángeles de Dios que subían y descendían por ella.

—GÉNESIS 28:12

Y a ti te daré las llaves del reino de los cielos; y todo lo que atares en la tierra será atado en los cielos; y todo lo que desatares en la tierra será desatado en los cielos.

—MATEO 16:19

Fue dado aviso al rey David, diciendo: Jehová ha bendecido la casa de Obed-edom y todo lo que tiene, a causa del arca de Dios.

—2 SAMUEL 6:12

Mas el príncipe del reino de Persia se me opuso durante veintiún días; pero he aquí Miguel, uno de los principales príncipes, vino para ayudarme, y quedé allí con los reyes de Persia.

—DANIEL 10:13

Mirad, pues, con diligencia cómo andéis, no como necios sino como sabios, aprovechando bien el tiempo, porque los días son malos.

—EFESIOS 5:15-16

Jehová es bueno, fortaleza en el día de la angustia.

—NAHUM 1:7

Desde los días de Juan el Bautista hasta ahora, el reino de los cielos sufre violencia, y los violentos lo arrebatan.

—MATEO 11:12

[Nota: Debemos traer el Reino de los cielos a la tierra para que se haga la voluntad de Dios.]

Venga tu reino. Hágase tu voluntad.

—MATEO 6:10

Así que, no os afanéis por el día de mañana, porque el día de mañana traerá su afán. Basta a cada día su propio mal.

—MATEO 6:34

Si tomare las alas del alba...

—SALMO 139:9

Este su camino es locura...
Y los rectos se enseñorearán de ellos por la mañana.

—SALMO 49:13-14

Me anticipé al alba, y clamé;
Esperé en tu palabra.
Se anticiparon mis ojos a las vigilias de la noche,
Para meditar en tus mandatos.

—SALMO 119:147-148

Dijo luego Dios: Haya lumbreras en la expansión de los cielos...
y sean por lumbreras en la expansión de los cielos para alumbrar
sobre la tierra. Y fue así. E hizo Dios las dos grandes lumbreras;
la lumbrera mayor para que señorease en el día, y la lumbrera
menor para que señorease en la noche.

—GÉNESIS 1:14-16

Porque todos vosotros sois hijos de luz e hijos del día.

—1 TESALONICENSES 5:5

Vosotros sois la luz del mundo.

—MATEO 5:14

Le hiciste señorear sobre las obras de tus manos;
Todo lo pusiste debajo de sus pies.

—SALMO 8:6; CF. JOSUÉ 1:3

Mas a vosotros los que teméis mi nombre, nacerá el Sol de justicia, y en sus alas traerá salvación; y saldréis, y saltaréis como
becerros de la manada. Hollaréis a los malos, los cuales serán
ceniza bajo las plantas de vuestros pies, en el día en que yo actúe,
ha dicho Jehová de los ejércitos.

—MALAQUÍAS 4:2-3

Así ha dicho Jehová, que da el sol para luz del día, las leyes
de la luna y de las estrellas para luz de la noche, que parte el
mar, y braman sus ondas; Jehová de los ejércitos es su nombre:
Si faltaren estas leyes delante de mí, dice Jehová, también la

descendencia de Israel faltará para no ser nación delante de mí
eternamente.

—JEREMÍAS 31:35-36

Dijo luego Dios: Haya lumbreras en la expansión de los cielos
para separar el día de la noche; y sirvan de señales para las estaciones, para días y años.

—GÉNESIS 1:14

Oye, oh Dios nuestro, que somos objeto de su menosprecio, y
vuelve el baldón de ellos sobre su cabeza, y entrégalos por despojo en la tierra de su cautiverio.

—NEHEMÍAS 4:4

Porque no tenemos lucha contra sangre y carne, sino contra
principados, contra potestades, contra los gobernadores de las
tinieblas de este siglo, contra huestes espirituales de maldad en
las regiones celestes.

—EFESIOS 6:12

[Nota: En el estado caído de Lucifer, él seguía siendo conocido como un portador de luz, estrella de la mañana e hijo de la
mañana. Todas esas cosas son falsificaciones de las reales. Nosotros
somos los genuinos, y cuando nos levantemos temprano para mandar a la mañana y capturar el día, desplazamos al diablo.]

¡Cómo caíste del cielo, oh Lucero, hijo de la mañana! Cortado
fuiste por tierra, tú que debilitabas a las naciones.

—ISAÍAS 14:12

Si oyeren, y le sirvieren,
Acabarán sus días en bienestar,
Y sus años en dicha.

—JOB 36:11

[Nota: Cada vez que nos levantamos, entramos en un día que
el Señor ha hecho y se nos manda gozarnos y alegrarnos en él.]

Este es el día que hizo Jehová;
Nos gozaremos y alegraremos en él.

—SALMO 118:24

CAPÍTULO 11

Las líneas del Espíritu

*Estar alineados horizontal y
verticalmente en el Espíritu*

Es verano del año 2006, y desde enero de este año Dios me ha llevado a nuevos niveles en Él. Siento como que he sido restaurada a mi primer amor con Dios. Si fuéramos los suficientemente sinceros para admitirlo, el mayor desafío en el cristianismo es mantener nuestro primer amor. Es muy fácil ser descuidado en las cosas de Dios, porque hay muy pocas personas que estén realmente emocionadas acerca de las cosas más profundas de Él. El deseo de mi corazón es ver de primera mano las mayores obras de las que Jesús habló. El Señor me está guiando a compartir con usted lo que ha cambiado mi vida durante los seis últimos meses: la revelación de "las líneas del Espíritu".

Una mañana Dios me despertó para prepararme para un servicio regular en la iglesia. No sucedía nada especial; para mí era sencillamente otro día para alabar al Señor. Cuando comencé a buscar a Dios con respecto al servicio, Él comenzó a mostrarme líneas en el espíritu. Algunas líneas eran horizontales y otras eran verticales.

El Señor me indicó que usara un proyector para presentar

la visión que Dios me había dado para la congregación. Muchas personas que estaban en el servicio aquel día habían viajado desde todas las partes del país. Estoy segura de que tenían necesidades urgentes y buscaban a Dios para tener liberación. En mitad de todo aquello, yo estaba enseñando sobre un número de línea. Mi tema era: "Entrar en las coordenadas de Dios". Dios me mostró que si los creyentes siguieran sus coordenadas, determinarían la voluntad de Dios para sus vidas. Yo denomino a ese entendimiento "mi lugar llamado Allí".

La palabra griega para *lugar* es *topos*, y se refiere a un lugar o posición de oportunidad. Esta es otra palabra para *costa*. Dios prometió a Josué que él lograría victoria mientras permaneciera en su costa (ver Josué 1:1-9). El *topos* es el lugar que tiene licencia para la promesa.

Efesios 4:27 nos advierte que no demos lugar al diablo. La palabra lugar aquí es *topos*. Me gustaría considerar este pasaje desde otra perspectiva. Si un diablo en su lugar puede prosperar, ¿cuánto más puede un creyente comprado por la sangre y nacido de nuevo prosperar (en su lugar)? No hay límites cuando nos alineamos según las coordenadas de Dios.

Dios utilizó las coordinadas del número de línea para darme una revelación de las líneas del Espíritu, lo cual ha cambiado mi modo de ver la esfera espiritual y ha afectado mi vida para siempre. El Señor me mostró cómo las personas tenían que estar horizontalmente y verticalmente alineadas para cumplir su destino en la vida. Vi líneas que llegaban desde el tercer cielo hasta la tierra. También había líneas que estaban conectadas a través de la tierra. El Señor me dijo que si su pueblo se situaba en su lugar (se alineaba), se abrirían puertas para ellos que ningún hombre podría negar. Con esta palabra, ¡Dios me mandó que me situara en mi lugar! Dijo que yo experimentaría los beneficios de un cielo abierto como nunca antes. Yo denomino a esto estar alineado espiritualmente y verticalmente.

Él también me advirtió que yo tenía que estar conectada con las personas correctas y desconectada de las personas incorrectas en la esfera terrenal. ¡Me mostró que la relación de pacto lo significaría todo en este tiempo! Yo supe en mi espíritu que no podía desperdiciar tiempo estando en yugo con personas simplemente por hacerlo. Acabo de cumplir cuarenta y cinco años de edad, y me parece que ayer tenía solo veinticinco. ¿Qué quiero decir? No me estoy haciendo más joven, y solamente tengo una vida para vivirla. Me he propuesto emplearla buscando la perfecta voluntad de Dios. Lector, necesita usted detenerse y evaluar sus relaciones en este momento. La mayor guerra espiritual que puede usted pasar es estar conectado con personas con las que Dios no le ha llamado a estar. ¡Hay cosas en mi vida que estaban retenidas hasta que ciertas personas se movieron!

No estoy promoviendo grupos cerrados con las así denominadas personas exitosas. El propósito de lo que Dios me estaba mostrando no era sobre "quién es quién en el Espíritu"; es simplemente sobre "con quién nos está conectando Dios" para cumplir su propósito. El Señor no me estaba diciendo que me relacionara con millonarios o estrellas de cine; me decía que yo necesitaba relacionarme con personas que estuvieran avanzando a algún lugar en el Espíritu.

En los últimos tiempos el pueblo de Dios debe tener un ojo en el Espíritu. Las personas que parecen estar yendo a lugares en lo natural ni siquiera se están moviendo. Solamente cuenta si estamos ganando terreno en el Espíritu. Dios me mostró que era urgente que su pueblo no fuera distraído por relaciones fuera de tiempo, por época o hasta por la voluntad de Dios. Me indicó que evaluara mis relaciones, porque solamente podría llegar tan lejos como las personas que me rodeaban.

La fe viene por el oír, pero la Biblia también dice que solamente podemos tener tanto como veamos. Si solo podemos ver a personas que están luchando con problemas que nunca se acaban y no están dispuestas a hacer algo importante en Dios, terminaremos siendo como ellas.

CELEBRAR A QUIENES MUEVEN

¡Yo me he propuesto no estar atada por el status quo! Es el status quo del cristianismo vagar por el desierto de la vida y no lograr nunca la abundancia que Dios nos ha prometido. Los tiempos son difíciles en esta época en que vivimos, pero están produciendo una generación de personas que mueven. Son personas a quienes Dios usará para mover todo lo que pueda moverse y quitar toda montaña que el diablo ponga en su camino.

Le doy gracias a Dios porque Él me ha conectado con personas en mi vida que muevan. Su capacidad de mover está arraigada en el hecho de que están alineadas verticalmente y horizontalmente. Me gozo al ver a mis hermanos y hermanas en el Señor lograr grandes cosas; también me fortalece ser alguien que logra cosas. La grandeza hace nacer la grandeza, y cuanto más nos celebremos los unos a los otros, mayores llegaremos a ser como individuos.

Este fue el caso con María y Elisabet. Ambas estaban embarazadas de grandeza en el interior. María estaba embarazada de Jesús, y Elisabet de Juan el Bautista. Ellas no lucharon contra la grandeza que había en el interior de la otra, sino que se celebraron la una a la otra. Lo que estaba en María estaba estratégicamente conectado con lo que estaba en Elisabet para realizar la perfecta voluntad de Dios. Ellas estaban alineadas verticalmente y horizontalmente con la voluntad de Dios.

Mediante visitas angélicas del cielo y la conexión terrenal la una con la otra, ¡ellas conocieron la perfecta voluntad de Dios! Zacarías, el padre de Juan el Bautista, batallaba con las líneas del espíritu cuando el ángel lo visitó para hablarle del nacimiento de su hijo. Él no estuvo de acuerdo con el destino, y el ángel cerró su boca hasta que se hubo alineado con la voluntad de Dios (ver Lucas 1:11-25). Muchas personas están fuera de línea con las cosas del Espíritu, y pierden lo mejor de Dios para sus vidas debido a la duda, la inseguridad y los celos. No saben quiénes son y, como resultado, tienen temor de estar junto a personas que logran muchas cosas. Solamente se sienten cómodas en circunstancias en que sus logros se ven realzados.

Algunos líderes en el Cuerpo de Cristo temen tener personas a su alrededor que muevan cosas para Jesús. ¡Un líder sabio se rodea de personas que sean emprendedoras! Este es el espíritu del Padre, que se deleita en ver a sus hijos hacer obras mayores que las que Él ha hecho. Hasta Jesús dijo que, como creyentes, haríamos mayores obras de las que Él ha hecho (Juan 14:12).

He ministrado liberación a muchas personas que quedaron atadas al éxito de otro hombre. Ellos preguntaban a Dios: "¿Cuándo llegará mi momento?". Es la pregunta incorrecta que hacerle a Dios cuando un hermano o hermana está siendo bendecido. Por el contrario, deberíamos celebrarnos los unos a los otros con corazones y mentes limpios.

Si tiene usted sentimientos negativos cuando ve a alguien ser bendecido, necesita pedirle a Dios que le libere en este momento. ¡Usted sabe de lo que estoy hablando! En cuanto su amiga le cuenta que la ascendieron en el trabajo, usted tiene que hacer todo lo posible para fingir que se siente feliz por ella, porque no es así. La razón de que no se sienta usted feliz por ella se debe a que su propio ascenso en el trabajo tiene ya tres años de retraso. Lo que necesita usted saber es que lo que hay en su corazón que no celebra el ascenso de su amiga probablemente es lo que está reteniendo su propio ascenso.

Si no batalla usted con esos sentimientos negativos, puede que haya personas cerca de usted que sí batallan. ¡Ore por ellas! Es momento de que examinemos nuestros corazones y nuestro alrededor y nos alineemos para la cosecha de los últimos tiempos que está siendo liberada. Póngase en su lugar a fin de que las líneas del Espíritu caigan sobre usted.

LAS LÍNEAS HAN CAÍDO SOBRE USTED

El Salmo 16:5-6 declara esto:

Jehová es la porción de mi herencia y de mi copa;

Tú sustentas mi suerte.
Las cuerdas me cayeron en lugares deleitosos,
Y es hermosa la heredad que me ha tocado.

Este es un pasaje poderoso. Cuando lo leí, recibí una mejor revelación de las líneas del Espíritu. Comprendí que yo tengo líneas personales en el Espíritu que trabajan para mí. La palabra hebrea para *líneas* es *chebel*; se refiere a nuestra parte o medida de herencia en la vida. *¡Chebel* es nuestra porción! Al igual que todo lo demás en Dios, esto es condicional. El salmista comenzó diciendo que el Señor era su porción. No podemos experimentar los beneficios de *chebel* sin que Dios sea nuestra única porción.

¡Este conocimiento debiera hacer que se regocijara ahora mismo! Incluso si nada está discurriendo de la manera en que a mí me gustaría… ¡JESÚS ES MI PORCIÓN! El sutil entendimiento de esto es que las cosas obrarán para mi bien ¡porque yo amo al Señor y soy llamado según su propósito! (Romanos 8:28). Las palabras clave son *su propósito*. "¡Mi porción asegura mi propósito!"

La palabra griega para propósito es *prothesis*, y significa "la propuesta y las intenciones que Dios ha establecido para nuestras vidas". Me sorprende cómo los creyentes parecen pensar que ellos saben mejor que el Creador mismo lo que es mejor para ellos. Jesús caminó en la esfera terrenal y siempre le recordó a la gente que no había venido para hacer su voluntad sino la voluntad del Padre.

La voluntad permisiva de Dios es un cliché religioso en la iglesia. ¡Yo me atrevo a perseguir *la voluntad perfecta de Dios para mi vida!* Esta frase puede sonar como una fuerte afirmación, pero es más fácil entender lo que quiero decir cuando tiene usted una revelación de lo que es en realidad la voluntad perfecta de Dios.

No os conforméis a este siglo, sino transformaos por medio de la renovación de vuestro entendimiento, para que comprobéis cuál sea la buena voluntad de Dios, agradable y perfecta.

—ROMANOS 12:2

Es importante entender lo que la Biblia quiere decir con "la buena voluntad de Dios, agradable y perfecta". Hay tres etapas de la voluntad de Dios:

- *La buena voluntad (agathos)* – Estas son las primeras etapas de la voluntad de Dios. La palabra *agathos* significa "beneficio". Hay beneficios en la obediencia ciega a la voluntad de Dios. En esta etapa usted realmente camina por fe y no por vista. Es la etapa en la voluntad de Dios en que usted no se apoya en su propio entendimiento sino que reconoce al Señor en todos sus caminos, y Él dirigirá sus veredas (ver Proverbios 3:5).

- *La voluntad aceptable (euarestos)* – Esta es la etapa en la voluntad de Dios en que una persona comienza a ponerse de acuerdo con la voluntad de Dios. *Euarestos* significa "estar plenamente de acuerdo y agradado". Cuando el Salmo 6:16 habla de las líneas o cuerdas (su parte en la vida) que caen en lugares deleitosos, esa palabra hebrea es *naweem*, y significa "lugares dulces y agradables". Cuando nos ponemos de acuerdo con la voluntad aceptable de Dios, nos situamos en el lugar de recibir nuestra parte en la vida.

- *La voluntad perfecta (teleios)* – Esta es la voluntad de Dios en su etapa completada. *Teleios* significa "ser completo en labor, crecimiento y carácter mental y moral". Es la etapa en que una persona experimenta crecimiento y madurez. Esa persona sabe con todo su ser que él o ella está en la voluntad perfecta de Dios. Puede que no sepa todos los detalles, pero sabe que está en el lugar correcto, en el momento correcto, haciendo lo correcto, con las personas correctas. ¡Aleluya! Este conocimiento produce un fuerte carácter mental y moral.

Ahora la frase "¡las líneas (o cuerdas) me cayeron!" debería tener un significado totalmente nuevo para usted. Cuando las líneas del Espíritu caen para usted, no hay nada que pueda evitar la época en que está. Usted literalmente entra en el momento establecido de Dios, el cual es un lugar donde no hay variables que puedan influenciar sobre su parte en la vida. Hechos 1:26 nos recuerda que cuando estaban buscando al doceavo apóstol, la suerte recayó sobre Matías. No había duda de que él era "el escogido". Cuando nos alineamos con la voluntad de Dios, nada que Dios tenga para nosotros será retenido. No tenemos que engañar, pisar a otros o tratar de abrirnos camino hasta la primera línea. Llegar a la primera línea de los hombres no puede compararse con estar bajo "las líneas del Espíritu". Esto se denomina *caminar diligentemente*.

> Mirad, pues, con diligencia cómo andéis, no como necios sino como sabios, aprovechando bien el tiempo, porque los días son malos. Por tanto, no seáis insensatos, sino entendidos de cuál sea la voluntad del Señor.
>
> —EFESIOS 5:15-17

La palabra diligentemente es *akribos*, y significa "caminar exactamente o perfectamente". Como mencioné anteriormente, eso significa estar en el lugar correcto, en el momento correcto, haciendo lo correcto, con las personas correctas. Hay una voluntad perfecta de Dios, y cuando nos alineamos con la precisión de Él, podemos experimentarla. La voluntad perfecta de Dios puede ser nuestra porción cuando nos volvamos sensibles al *tiempo* y el *lugar* de Dios.

Para caminar en la voluntad perfecta de Dios debemos santificarnos a nosotros mismos. La santificación no es un concepto tan profundo como la religión intenta que sea; simplemente significa separarnos a nosotros mismos para Dios. Separarse para Dios significa que debemos separarnos de algunas personas. Para hacerlo, puede que tenga usted que herir los sentimientos de alguien. No se preocupe; ¡camine diligentemente! Limpie el espacio que Dios le haya dado de personas no autorizadas. No permita que haya ocupas que llenen el espacio que Dios le ha dado en su vida. El diablo enviará a otras personas para distraerlo y para agobiar su propósito. Evite a esas personas, y esté horizontalmente alineado con la voluntad de Dios. Recuerde que el alineamiento vertical es estar bajo un cielo abierto y el horizontal es tener las conexiones correctas en la esfera terrenal. Cuando usted se alinea o camina diligentemente, ¡eso redime su tiempo! Cuando su tiempo es redimido, todo lo que le ha sido robado con respecto a su *kairos* (estación) es recobrado y cumplido.

HAY REALMENTE UNA ESCALERA AL CIELO

Cuando comencé a estudiar más sobre las líneas del Espíritu, Dios me recordó la escalera de Jacob. En Génesis 28:12 Jacob tuvo una visión en la que vio ángeles descendiendo y ascendiendo.

Yo pensé: Eso es... ¡las líneas del cielo eran como la escalera de Jacob! Cuando estudié la palabra escalera, era *cullam*. La Biblia dice que esta escalera estaba conectada con el cielo, pero tocaba la tierra. Dios me prometió que Él me daría revelación para hacer descender el cielo a la tierra; me mostró que esa es la única manera en que podemos caminar en dominio en la esfera terrenal. El Reino tiene que venir a fin de que la voluntad de Dios pueda hacerse en la tierra como es hecha en el cielo.

Comencé a orar: "Dios, ¡refleja el cielo en la tierra!". Esto solo puede suceder cuando usamos la autoridad que Jesús nos dio para atar y desatar. Yo vi ángeles trayendo cosas a la tierra que han sido desatadas o permitidas; ellos también se llevaban cosas que han sido atadas o prohibidas.

Cuando mandamos a nuestras mañanas y capturamos nuestros días, debemos tener una visión de lo que está sucediendo en la esfera espiritual. Cuando estamos orando, si no podemos verlo nunca llegará a nosotros. ¡Realmente hay una escalera al cielo! Cuando estamos alineados con ella podemos tener cualquier cosa que digamos, pero antes debemos ser capaces de verla.

Últimamente tuve una mayor revelación de la afirmación: "¡Ya está hecho!". Lo he cantado, predicado y profetizado, pero hoy tengo una revelación sobre ello. Jueces 5:20 abrió mis ojos:

Desde los cielos pelearon las estrellas;
Desde sus órbitas pelearon contra Sísara.

Este pasaje se refiere a Débora y Barac y su batalla contra Sísara. Barac le pidió a Débora que fuera a la batalla con él. Ella accedió, pero dijo que una mujer se llevaría el crédito por la victoria. El pasaje anterior proviene del canto de Débora después de que terminara la batalla. Describía lo que estaba sucediendo entre bastidores en la batalla.

En primer lugar dice que la batalla no se peleó desde la tierra, ¡sino desde el cielo! Literalmente dice que las estrellas (príncipes) pelearon con Sísara por el pueblo de Dios. La palabra hebrea para *estrellas* se relaciona con refuerzos angélicos. Cuando Sísara llegó a la tienda de Jael, la batalla ya estaba ganada. Los príncipes ángeles lo habían sacado.

¡Qué revelación en cuanto a: "¡Ya está hecho!". Lo único que Jael tuvo que hacer fue alinearse y situarse en su lugar. Ella estaba en su lugar (*topos*), y su victoria ya estaba establecida en los cielos. Los ángeles estaban alineados en sus puestos, y Jael estaba bajo un cielo abierto.

La palabra cursos en lengua hebrea es *mecillah*, y es un sendero o escalera que descendía del cielo a la tierra. Una nueva fe se ha levantado en mi ser desde que entendí este pasaje. Las personas en ambientes religiosos lucharán contra este tipo de enseñanza, porque no les resulta familiar. Las personas religiosas siguen esperando que el Mesías aparezca por primera vez, así que no importa. ¡Usted tiene que conocer la voluntad de Dios por usted mismo! La gente tiene temor de tratar en los cielos; no es una enseñanza popular en la iglesia, y por eso las personas no pueden identificarse con ella.

Ya que la mayoría de los cristianos están de acuerdo en que tenemos ángeles guardianes asignados a nosotros, me gustaría plantear esta pregunta: ¿Pueden los ángeles estar observándonos desde los cielos? ¿Son esas las líneas de las que se habla en los

Salmos? ¿Es por eso que los ángeles estaban en sus caminos sobre Débora y Barac? Puedo verificar que es ahí donde Miguel luchó contra el príncipe de Persia por causa de Daniel (Daniel 10:13). ¡Se luchó desde los cielos!

Hice un estudio de la palabra *estrellas*, y en todos los lugares donde la vi en el Antiguo Testamento se refería a un ángel. La palabra hebrea es *kowkab*, y significa "príncipe o ángel". En Isaías 14:13, cuando Lucifer dijo que quería exaltarse a sí mismo por encima de las estrellas de Dios, estaba hablando de los príncipes ángeles de Dios.

Oro para que esta revelación cambie su manera de orar. No tenga temor de reconocer ángeles en su guerra espiritual, pues realmente son ellos quienes pelean la batalla entre bastidores. Cuando atamos y desatamos, las cosas no suceden al azar. ¡Los ángeles realmente obran por nosotros! El principio básico de atar y desatar es mandar a los seres angélicos por causa de la voluntad de Dios en la tierra.

Hay fortalezas de principados y potestades demoníacas del aire, pero la buena noticia es que hay más por nosotros que *contra* nosotros. Solo una tercera parte de los ángeles cayó de la gloria junto con Lucifer. Dos terceras partes están esperando nuestras órdenes para pelear batallas por nosotros. Utilice la vida y la muerte en el dominio de su lengua para enviarlos a que realicen sus tareas. Yo creo que cada vez que pronunciamos la Palabra de Dios, ángeles son enviados para reforzarla. Por otro lado, siempre que hablemos duda, los demonios tienen la preferencia para ser enviados. Los ángeles refuerzan la vida, y los demonios refuerzan la muerte.

Así, durante los últimos seis meses Dios ha estado tratando conmigo acerca de alinearme con mi destino. Dios ha puesto en mí la demanda de no estar cómoda con el lugar donde he estado. Hace seis meses mi ministerio no poseía ninguna propiedad importante. Estuvimos rentando el edificio en que hemos estado durante once años, y poseemos unas cuantas casas.

Desde que he obedecido al Señor en cuanto a levantarme temprano y mandar a mis mañanas, alinearme verticalmente y horizontalmente y prestar atención a las señales en los cielos, eso ha cambiado. Actualmente estoy cerrando la compra de un hermoso edificio de más de tres mil metros cuadrados en un barrio muy bonito. Tiene casi mil metros de espacio remodelado para oficinas, con veinte oficinas y un centro de llamadas totalmente nuevo. Actualmente está valorado en tres millones de dólares. Con la compra de este edificio y los réditos que produce, Dios está aumentando los ingresos del ministerio cuatro veces más.

Ahora también poseemos el edificio que habíamos estado rentando. Tiene más de mil ochocientos metros cuadrados y está a punto de ser totalmente remodelado. Hemos adquirido otras tres propiedades además de esas, y todo ello se ha producido en este año. ¡Las líneas han caído sobre nuestro ministerio! Siempre he dicho que en Spoken Word Ministries somos como los leprosos en la puerta de Samaria, y eso se ha convertido en una segura realidad. Los leprosos pasaron de la vergüenza al milagro de la noche a la mañana. Salieron del lugar donde todos pensaban que ellos estaban destinados a morir y avanzaron hacia su promesa. Entraron en el campamento enemigo.

¡Ellos se movieron al crepúsculo! Es entonces cuando la hora pasa de la oscuridad a la luz; es un periodo de transición. Las estrellas estaban alineadas sobre los leprosos, ¡pero ellos tenían que estar dispuestos a levantarse y moverse! Ellos salieron a tiempo y se situaron en su lugar.

Yo declaro que este es el tiempo establecido para usted. Levántese y brille, porque su luz ha venido. Sitúese en su lugar, a fin de que sus líneas puedan caer en lugares agradables por causa de usted y su familia.

CAPÍTULO 12

Las ordenanzas del Señor

El orden de Dios es establecido para siempre

Dijo luego Dios: Haya lumbreras en la expansión de los cielos para separar el día de la noche; y sirvan de señales para las estaciones, para días y años.

—GÉNESIS 1:14

Así ha dicho Jehová, que da el sol para luz del día, las leyes de la luna y de las estrellas para luz de la noche, que parte el mar, y braman sus ondas; Jehová de los ejércitos es su nombre: Si faltaren estas leyes delante de mí, dice Jehová, también la descendencia de Israel faltará para no ser nación delante de mí eternamente.

—JEREMÍAS 31:35-36

Los pasajes enumerados anteriormente declaran que hay un orden fijado en los cielos que ha sido establecido por Dios. Está claro que el sol y la luna fueron fijados en los cielos para señalar las estaciones, días y años. Repasemos el significado de cada uno:

1. *Señales (owth)* – Una señal es lo que aparece en el cielo como evidencia de sucesos sobrenaturales. Puede ser un milagro, señal, faro de luz o presagio.

2. *Estaciones (mowed)* – Una estación es un periodo establecido.

3. *Días (yowm)* – Crónicas diarias en la vida.

4. *Años (shaneh)* – Un año es una revolución en el tiempo.

Dios ha establecido orden en los cielos que se relaciona con los sucesos enumerados anteriormente. Por su Palabra, Dios confirma que hay ordenanzas fijadas en los cielos, y nunca se apartarán de Él. Dios dice que si se apartaran de Él, Israel dejaría de ser una nación delante de Él. Sabemos que eso sucederá porque Israel es la niña de los ojos de Dios. En el Salmo 89:34-35 Dios jura por su santidad (la cual no puede ser violada) que la descendencia de David perdurará para siempre y su trono será continuo delante del Señor, al igual que lo es el sol delante de Él. Este es un pacto que Dios hizo con David. Hizo dos cosas:

1. Aseguró la permanencia de Israel

2. Selló el hecho de que las ordenanzas del Señor serían establecidas en los cielos para siempre

El Salmo 119:89-91 nos dice que la Palabra de Dios está establecida en los cielos para siempre y que Él es fiel de generación en generación. También afirma que todo el universo sirve al Señor, y continúa haciéndolo según sus ordenanzas.

¿CUÁLES SON LAS ORDENANZAS DEL SEÑOR?

En Jeremías 33:24-26 Dios habló de las ordenanzas señaladas en todo el orden de la naturaleza. En Job 38:33 Dios le preguntó a Job si conocía las ordenanzas del cielo, y si podía establecerlas en la esfera terrenal. Era importante para Dios que el hombre entendiera las ordenanzas que Él había establecido en el cielo. Colosenses 2:14 habla sobre cómo Jesús borró las ordenanzas manuscritas que nos eran contrarias cuando murió en la cruz. Esta palabra en particular, *ordenanza*, es *dogma*, y significa "leyes o decretos". El enemigo había decretado nuestro destino debido a la caída de Adán. El destino demoníaco que estaba escrito en los cielos contra el hombre fue borrado en la cruz. ¡El *cheirographon* (manuscrito que nos era contrario, Colosenses 2:14) fue sustituido por el *kethab* (Éxodo 31:18) de Dios! El *kethab* es el escrito ordenado o aquello que ha sido escrito por quien está autorizado. Dios conoce la prescripción que la creación necesitaba, y Él la estableció en los cielos con su propia mano.

Dios está llamando a la iglesia del siglo XXI a un nivel de guerra espiritual que traiga el cielo a la tierra. Debemos hacer oraciones que rellenen la prescripción que Dios tiene para la tierra. Entender las ordenanzas del Señor es la única manera en que eso puede suceder. El diccionario Webster define una *ordenanza* como "una regla o ley autoritativa mandada por mandamiento judicial y ordenada por el destino". La palabra clave al tratar con las ordenanzas del Señor es *ordenar*. Las ordenanzas del Señor fueron ordenadas antes de la fundación del mundo. Están establecidas en los cielos. Cuando algo es ordenado, ha sido puesto en orden o situado en una posición.

Dios estableció sus leyes en los cielos antes de la creación del tiempo. Por eso los creyentes tienen el derecho de pedir a los tribunales del cielo que invaliden decisiones que sean hechas en la tierra. El tribunal del cielo es el tribunal supremo definitivo. Es el tribunal de apelación para el creyente nacido de nuevo. Una de las palabras hebreas para *ordenanza* es *koke*, y la *Concordancia Strong* da varias palabras que se relacionan con ella:

- Estatuto

- Costumbre

- Decreto

- Ley vencida

- Porción establecida

Koke también significa nombramiento de tiempo, espacio y labor. Basándonos en esta información, las ordenanzas son derechos legales que han sido establecidos en los cielos por Dios. Se relacionan con tiempos nombrados que han sido establecidos en los cielos. Por eso es importante vivir bajo un cielo abierto. Hay cosas que han sido establecidas en los cielos que las personas no experimentan porque viven bajo un cielo cerrado. No estoy hablando de personas que vivieron para el diablo y nunca aceptaron a Jesús en sus vidas. Me refiero a santos que nunca caminaron en la autoridad en que Dios les dio permiso para caminar aquí en la tierra. Ellos irán al cielo, pero nunca experimentarán "el cielo en la tierra". Cuando nos situamos en el lugar para que venga el Reino, la voluntad de Dios se manifiesta en la tierra.

Hay barricadas demoníacas establecidas en el segundo cielo para bloquear la voluntad de Dios en la tierra. No importa lo mucho que lo intenten, los demonios no pueden detener aquello a lo cual Dios le ha dado un mandato en los cielos con respecto al tiempo establecido de Dios. Este es el incondicional cumplimiento de la plenitud del tiempo; no se ve influenciado por variables. El tiempo establecido de Dios no se ve influenciado por personas, lugares o cosas. En realidad, Dios tiene el control total, y las personas, lugares y cosas se alinearán con Él; no pueden estar bajo la influencia de ninguna otra cosa sino el tiempo perfecto de Dios.

El tiempo establecido es distinto a una estación. El tiempo *kairos* de Dios es un tipo de estación. Una palabra hebrea que se relaciona con *kairos* es *eth*, y proviene de otra palabra hebrea: *geth*. *Eth* es una palabra con tres principios de tiempo:

1. *El evento regular* – Son las cosas atadas por el tiempo cronológico. Son predecibles y recurrentes.

2. *El evento no recurrente* – Son las cosas que solamente suceden en estaciones; es cuando las cosas suceden en el momento apropiado porque hay variables que pueden afectarlas. Un ejemplo es cuando yo di a luz a gemelos. No podía haber un tiempo establecido para

el parto porque ciertas variables podían influenciar. Yo llevaba dos bebés.

3. *El momento establecido* – Este momento no se ve influenciado por variables; las circunstancias y las situaciones no pueden cambiarlo. Un ejemplo de momento establecido es cuando Jesús nació en Belén. Cada detalle de su nacimiento estaba establecido en los cielos. Todas las circunstancias y situaciones tenían que alinearse. Ese momento estaba escrito en las estrellas, y los astrólogos lo descubrieron cuando estudiaban las constelaciones. María y José tuvieron que irse a Belén, y no había lugar para ellos en el mesón. Estaba establecido en los cielos antes del tiempo.

¡Es cierto! Hay ordenanzas que han sido establecidas en los cielos por Dios y que no pueden ser alteradas. Lo único que puede ser alterado es la parte que nosotros tenemos en ellas. Dios nos dio lo más valioso en la esfera terrenal: ¡una voluntad! La voluntad del hombre es valiosa porque tiene la capacidad de hacerlo o romperlo. El modo en que usemos nuestra voluntad en la tierra determina dónde pasaremos la eternidad. Jesús tuvo que renunciar a su voluntad a fin de poder terminar lo que había venido a hacer a la tierra. Jesús tuvo que alinearse con lo que estaba ordenado para Él en la tierra y en el cielo.

Los cielos cuentan la gloria de Dios,
Y el firmamento anuncia la obra de sus manos.
Un día emite palabra a otro día,
Y una noche a otra noche declara sabiduría.
No hay lenguaje, ni palabras,
Ni es oída su voz.
Por toda la tierra salió su voz,
Y hasta el extremo del mundo sus palabras.
En ellos puso tabernáculo para el sol.

—Salmo 19:1-4

Este pasaje nos dice que los cielos declaran los misterios de Dios diariamente y muestran su conocimiento cada noche. La versión ampliada de la Biblia dice que "la "voz [en evidencia]" de las estrellas va "por toda la tierra... hasta el fin del mundo". Muchos creyentes echarían los frenos cuando la gente habla de los misterios de Dios en las constelaciones porque enseguida lo relacionan con los horóscopos. Los horóscopos son la perversión que el diablo ha hecho del zodíaco que fue originalmente creado por Dios (ver Job 38:32). Romanos 10:18 habla de la voz de la naturaleza que lleva el mensaje de Dios a los confines del mundo.

EL ZODÍACO DE DIOS

¿Podrás tú atar los lazos de las Pléyades,
O desatarás las ligaduras de Orión?
¿Sacarás tú a su tiempo las constelaciones de los cielos,
O guiarás a la Osa Mayor con sus hijos?
¿Supiste tú las ordenanzas de los cielos?
¿Dispondrás tú de su potestad en la tierra?

—JOB 38:31-33

Cuando descubrí por primera vez este pasaje quedé totalmente asombrada. Pensé: *¡Dios creó el zodíaco!* Odio al diablo; él tuerce y tergiversa todo para confundir al pueblo de Dios a fin de que no pueda nunca entrar en lo que Dios tiene para ellos en la vida en la tierra. En la versión inglesa King James de este pasaje, la palabra para *zodíaco* es *Mazzaroth*. A lo largo de este capítulo, Dios nombra algunas de las constelaciones de los cielos. Una constelación es un grupo de estrellas con nombre que están fijas en los cielos.

Una vez más quiero enfatizar que comprendo que el contexto de Job 38 es la corrección de Dios a Job; sin embargo, me gustaría tomar nota de que todas las cosas que Dios nombra en este capítulo indicaban lo que *Él* había hecho. Por tanto, necesitamos saber que Dios tiene un propósito para la constelación en relación con la tierra. Dios no inició el horóscopo, pero Él creó el zodíaco. Sus misterios están escritos en las estrellas. Las personas malvadas han pervertido su plan para las constelaciones para sus propios propósitos malvados. Los horóscopos son cartas que los astrólogos leen basándose en la posición de los planetas a fin de decirle a una persona su futuro. Es una abominación, porque el hombre intenta pasar por alto a Dios y depender de las estrellas en lugar de depender de Él.

Esas personas en realidad adoran las constelaciones, porque saben que hay información en las estrellas. Es importante observar la diferencia en las palabras *astrología* y *astronomía*. Astrología es adivinación, y astronomía es la ciencia del estudio de las estrellas. Muchas personas en la profesión de la astronomía se cruzan a la esfera de la astrología debido a la ignorancia.

EL MINISTERIO DE LAS ESTRELLAS

Mencioné anteriormente que todas las palabras en el Antiguo Testamento para *estrellas* han sido definidas como *príncipes*. Eso significa que las estrellas de las que se habla son representantes de ángeles príncipes. Hasta en Apocalipsis 12:4 se habla de cómo la cola del dragón barrió el cielo y se llevó a una tercera parte de las estrellas. Este pasaje también hace referencia a ángeles. Apocalipsis 1:20 habla del misterio de las siete estrellas; revela que las siete estrellas son los siete ángeles de las siete iglesias. Los ángeles son tan significativos en las vidas de las personas que había un ángel asignado a cada una de las siete iglesias a las que Juan habla en Apocalipsis.

Veamos la afirmación que Lucifer hizo en Isaías 14:13: "Subiré al cielo; en lo alto, junto a las estrellas de Dios, levantaré mi trono". La palabra *estrellas* también significa "príncipes", y es *kowkab* en hebreo. Lucifer quería exaltarse a sí mismo sobre los ángeles de Dios y finalmente ser superior a Dios mismo.

La Biblia enseña que Dios creó el sol para gobernar sobre el día, y la luna y las estrellas para gobernar sobre la noche (Salmo 136:8-9). La palabra hebrea para *gobernar* es *memshalah*, que significa "tener suprema autoridad". La palabra *estrellas* en este pasaje significa "príncipes ángeles". Basados en esto, es seguro decir que los ángeles que están a cargo de nosotros son espíritus gobernadores en los cielos.

El Salmo 91:11 dice que Dios puso a sus ángeles a cargo de nosotros para que nos guarden en todos nuestros caminos. La palabra *cargo* es *tsavah*, y significa "designar un mensajero". El Salmo 19:4 habla de las líneas de ángeles que pasan por la tierra hasta los confines del mundo. El significado de la palabra *línea* es una cuerda que mide; significa tener gobierno o influencia sobre. Con frecuencia pasamos por alto el ministerio de los ángeles. Estoy segura de que la mayoría no los relacionan con las estrellas. Hay cursos o líneas en el espíritu por medio de las cuales los ángeles tienen dominio para gobernar. Ese es su ministerio. Yo creo que cuando atamos y desatamos en la guerra espiritual, enviamos a ángeles para que se muevan por nosotros o contra nuestros enemigos.

Hay muchos tipos de ángeles:

- *Ángeles ministradores* – Estos son los ángeles que ministraron a Jesús después de su experiencia en el desierto.

- *Ángeles guerreros* – Este es el refuerzo angélico que Daniel recibió contra el príncipe de Persia y de Grecia.

- *Ángeles adoradores* – La Biblia habla de seres angélicos que adoran a Dios continuamente.

- *Ángeles guardianes* – El Salmo 91:1 nos habla de los ángeles que están a cargo de nosotros.

- *Ángeles mensajeros* – Gabriel fue el ángel al que Dios usó para enviar un mensaje acerca del nacimiento de Jesús.

- *Ángeles del destino* – Dios les dijo a los hijos de Israel que Él enviaría un ángel delante de ellos. A ese ángel no se le podía provocar en el camino. Yo lo denomino el ángel del destino.

Apliquemos lo que hemos aprendido sobre las ordenanzas del Señor y el ministerio de los ángeles al hacer esta oración junto conmigo:

Padre Dios, creo en el ministerio de los ángeles. Te doy gracias por los ángeles que tú has asignado para cuidar de mí y de mi familia. Hazme sensible a su presencia. Ángeles como eslabones en una cadena están estratégicamente situados alrededor de todo lo que me incumbe. Ángeles ministradores, ángeles guardianes, ángeles adoradores, ángeles mensajeros y ángel del destino, reconozco que existen, y me pongo en el lugar para recibir su ministerio.

Renuncio a la adoración a los ángeles o a cualquier idolatría que entrara en mi corazón con respecto a su ministerio. Ordeno a todo gobernador demoníaco que el enemigo haya asignado a mi vida que se vaya y sea desplazado por los príncipes gobernantes del Señor. Haz mis oídos sensibles a las palabras que la creación habla con respecto a la voluntad de Dios en la esfera terrenal.

Ordeno al Reino que venga y que la voluntad de Dios se haga en la tierra como se hace en el cielo. Que todo lo que en mi vida me haga salirme del camino sea quitado. Permanezco bajo el camino de los príncipes de Dios, y ninguna actividad del segundo cielo tiene gobierno sobre mí. Todas las cuerdas demoníacas son cortadas, y el gobierno del Dios Altísimo es establecido sobre mi cabeza. Vivo bajo un cielo abierto. Los ángeles descienden y ascienden por causa de mí. Estoy apostólicamente alineado para cumplir mi parte en las ordenanzas de Dios diseñadas en el cielo.

CAPÍTULO 13

Autoridad espiritual en el ejército del Señor

(Parte 1)

Como habrá observado, este libro tiene un fuerte sabor militar. El Señor me bendijo con pasar seis años y ocho meses en el Ejército de los Estados Unidos. Aunque yo pensé que había ido al infierno cuando llegué al entrenamiento básico, fue lo mejor que me sucedió nunca. Describo mi experiencia en mi libro *Delivered to Destiny* [Libre para alcanzar su destino].

Las cosas que aprendí en el ejército serán parte de mí para siempre. Me enseñaron disciplina, orden y coherencia. Esas cosas no eran parte de mi educación, y en realidad me ayudaron a vivir. Cuando fui salva, se encendió una bombilla en mi cabeza. Creo que Dios me puso en el ejército natural para hacerme un mejor soldado para el Señor. Yo siempre fui una luchadora, pero el ejército puso algo de estructura y orden en mi capacidad para luchar.

En el Reino de Dios muchos de los mismos principios que Tío Sam me enseñó se siguen aplicando. Después de jurar en el Centro de procesamiento del ejército, el ejército tenía la responsabilidad de convertir a una adicta al crack en un valiente soldado. Cuando miro atrás me trae a la mente a Gedeón. Dios lo llamó "varón esforzado y valiente", pero él no sabía quién era (Jueces 6:12). Su enfoque estaba en su trasfondo, y no podía ver cómo Dios iba a usarlo. ¡Yo me sentía igual! Veía a fuertes soldados, y no podía verme a mí misma ni siquiera caminando en su lugar. Sus caras mostraban una extrema autoridad, y parecían saber quiénes eran en el ejército. Es mi oración que al leer este capítulo, obtenga una mejor revelación de quién es usted en Dios. Todo se trata de autoridad. El poder es perfeccionado por la autoridad. Muchas personas no pueden mostrar el poder que se les ha dado en Dios porque no entienden su autoridad espiritual.

Los Estados Unidos tiene el mejor ejército del mundo. Cuando alguien se une al ejército, los líderes le enseñan quién es la persona como soldado. A medida que se va desarrollando le van dando rangos, y con esos ascensos vienen nuevos niveles de autoridad. Como creyentes, somos parte de un ejército mucho mayor que el ejército natural. Las fuerzas armadas del Señor fueron instituidas por el gobierno de Dios. ¡Nosotros damos lugar a las cosas del Reino de Dios! El bebé más pequeño en el ejército del Señor tiene autoridad sobre todo poder del enemigo. Encienda su receptor espiritual, ¡y sitúese en posición de atención! Tenga oídos para oír lo que el Señor le dice con respecto a la autoridad espiritual que usted tiene.

LA POSICIÓN DE ATENCIÓN

Los soldados están en posición de atención cuando reciben órdenes. Cada soldado debe tener oídos para oír lo que esté diciendo la persona que da la orden. Oh, qué importante es tener oídos para oír en el ejército del Señor. Apocalipsis 2:17 dice: "El que tiene oído, oiga lo que el Espíritu dice a las iglesias".

En el ejército, cuando el líder de la formación llama al grupo a atención, todo movimiento debe detenerse. Él da una *orden preparatoria* que dirige al grupo a fin de que ellos sepan a quiénes se está dirigiendo. Él los llama por nombre. Su orden puede ser "grupo", "compañía", "batallón" o cualquier título que sea apropiado para aquellos a quienes se esté dirigiendo en ese momento. Eso les dice a los soldados que detengan toda actividad en la formación y se preparen para oír la orden.

Muchos no pueden recibir instrucción de Dios porque no se preparan para oír su mandato. Debemos estar preparados cuando Él diga nuestro nombre. Con demasiada frecuencia hemos apartado tiempo a solas con Dios y no le hemos dado la oportunidad de que nos hable. Pasamos todo nuestro tiempo de oración hablando y nunca dejando tiempo para oír de Él. Eso pone a Dios en una caja en nuestras vidas.

Muchos no entienden que debido a que tenemos una voluntad, podemos meter a Dios en una caja y dejarlo fuera de nuestras vidas. Estar *preparado para el combate* es estar en un lugar para oír a Dios en cualquier momento.

Lo primero que una unidad del ejército establece cuando se despliega es la comunicación. Sin comunicación con los cuarteles generales, una unidad no puede funcionar. Dios quiere que las líneas de comunicación estén abiertas para Él las 24 horas del día. No importa cuándo Él diga nuestro nombre, necesitamos detener lo que estemos haciendo y situarnos en posición de atención. Dios no está limitado a nuestros tiempos de oración, y debido a que Él es el Comandante en jefe, Él tiene el derecho de interrumpirnos en cualquier momento del día.

Una vez que el líder de una formación tiene la atención del grupo, se da una *orden de ejecución*. Eso da lugar a que los soldados ejecuten la orden dada de inmediato. Por ejemplo, el mandato preparatorio puede ser: "compañía", y la orden de ejecución puede ser: "atención". Al llamado de atención, el soldado debe estar firme con sus dos brazos a lo largo de los lados de su cuerpo. Sus ojos deben estar fijos directamente en el líder de la formación que está delante de él. El soldado está ahora preparado para recibir órdenes. Espiritualmente hablando, debemos estar preparados para situarnos en posición de atención, poner nuestros ojos en Jesús y oír lo

que el Espíritu del Señor esté diciendo a la iglesia.
Iglesia... ¡atención!

EL TIEMPO DE DIOS

Estoy sorprendida por la cantidad de cosas del ejército natural que pueden relacionarse con el ejército de Dios. El ejército de Dios es un ejército de disciplina. Sin disciplina no hay verdadera autoridad. La verdadera autoridad se originó entre Dios y el hombre en el huerto. Cuando Adán pedió su autoridad por medio de la desobediencia, Jesús la recuperó por medio de la obediencia. Necesitamos más disciplina en la iglesia, pues da lugar a la obediencia. La mayoría del tiempo queremos obedecer a Dios, pero el enemigo llamado *indecisión* nos roba la oportunidad. La disciplina destruye la indecisión que da poder a la carne para desobedecer a Dios. Si no nos movemos en el tiempo de Dios, lo que hagamos no contará. Hay unas cuantas órdenes militares que se relacionan con el tiempo, las cuales ilustrarán este punto:

1. Marcar el paso

Marcar el paso es marchar en el mismo punto y no hacer progreso durante un periodo de tiempo. ¿Cuántas veces Dios le dice a su pueblo que esté quieto? Al marcar el paso, el soldado sube y baja sus pies pero quedándose en un solo lugar. El error que muchos creyentes cometen es no hacer nada cuando esperan en Dios. Marcar el paso espiritualmente (o estar quieto) es esperar en Dios pero moverse en la vida. Aun esperando en Dios no podemos ser perezosos. Marcar el paso es marchar en un lugar hasta que llegue la siguiente orden. Mientras tanto, uno debe hacer lo que pueda donde esté.

Un factor clave a la hora de marcar el paso es que debe ir en cadencia con los otros soldados, porque está usted en formación; no está solo. Uno puede hacer huir a mil; dos, a diez mil (Deuteronomio 32:30). Siempre que usted pueda tocar y ponerse de acuerdo con otro, sucederán grandes cosas. La palabra *tocar* en Mateo 18:19 significa literalmente "formar un circuito". Los circuitos aseguran un flujo constante. Mientras esperamos en Dios, podemos estar seguros de que Él se está moviendo entre bastidores. Mientras seamos obedientes donde estemos, estaremos preparados para movernos cuando se dé la orden.

2. Doble paso

Moverse en doble paso significa agarrar el ritmo. No solo es importante moverse cuando Dios diga que nos movamos, sino que también debemos movernos según su ímpetu. Dios me advirtió en enero de 2006 que no era el momento para moverse en el ímpetu de los hombres. Con frecuencia los hombres tratarán de establecer el ritmo de Dios para nuestras vidas. Debemos movernos con el ímpetu o momento de fuerza. No podemos movernos en las cosas de Dios cuando tenemos ganas. Hay un momento de fuerza, y tenemos que "subir o morir" cuando llega.

La palabra *prisa* con frecuencia se usa solamente como una palabra negativa. Yo creo en la prisa piadosa. Mi definición de prisa piadosa es: "¡apresúrate y consíguelo!". No estoy hablando de drogas; ¡estoy hablando de la voluntad de Dios! Este tipo de prisa no es otra cosa sino un doble tiempo espiritual en el cual se le requiere que agarre el ritmo. Eso significa que tiene usted que tratar con problemas particulares a un ritmo más rápido, porque tiene una orden apresurada del Espíritu Santo.

Una vez Dios me dio una revelación sobre una inversión mediante una fuente sobrenatural. Yo lo aplacé y, como resultado, cuando finalmente hice la inversión pagué casi el doble de la cantidad por acción. La inversión seguía siendo beneficiosa, pero nada en comparación con lo que podría haber sido si yo me hubiera movido en el tiempo de Dios. Muchas personas tienen que conformarse con la segunda mejor opción de Dios porque no fluyeron en el momento de fuerza. Yo he adaptado una breve frase en jerga para aplicarla aquí: Si eres lento, lo fastidias; si eres rápido, pierdes; ¡tienes que asar a la parrilla para obtener lo mejor de Dios para ti!

3. Paso rápido

Cuando el líder de la formación da la orden de "paso rápido", eso significa correr. Hay tiempo de correr con la visión. ¡Habacuc 2:2 dice que escriba la visión y corra con ella! Eso significa dejarlo claro. Puede usted correr con una visión que esté clara para usted; pero a menos que sepa hacia dónde va, es difícil moverse a este ritmo. Las personas que han captado la visión pueden correr con ella. ¡Al vinal no mentirá!

Y Jehová me respondió, y dijo: Escribe la visión, y declárala en tablas, para que corra el que leyere en ella.

Aunque la visión tardará aún por un tiempo, mas se apresura hacia el fin, y no mentirá; aunque tardare, espéralo, porque sin duda vendrá, no tardará.

—HABACUC 2:2-3

La palabra correr en este pasaje es *ruwts* en hebreo, y significa "apresurarse". ¿Puedo utilizar mi propia terminología? ... ¡búm, vé! *Ruwts* realmente significa "salir corriendo con rapidez por cualquier motivo". La *Concordancia Exhaustiva Strong* también dice que significa "convertirse en un corredor que ha salido y se estira". Cuando Dios le dé un mandato de paso rápido, Él literalmente transforma sus pies y le da la capacidad de correr. Los pasajes de 2 Samuel 22:34, Salmo 18:33 Habacuc 3:19 dicen todos ellos que Dios nos da pies de ciervas y nos pone en lugares altos. En el idioma hebreo, las palabras que se relacionan con la palabra ciervas son:

• *Ayal* – Correr como un ciervo o un carnero

• *Ayalah* – Correr como una cierva

Solo puedo interpretar esto de una manera. Ya sea usted varón o hembra, puede correr con la visión de Dios. Observe que el pasaje denota que la visión es solamente para un tiempo establecido. Cuando llegue el "tiempo establecido"... ¡corra! El hombre que no puede correr con la visión cuando se da la orden, será dejado atrás.

¿RESPONSABILIDAD O RECLUSIÓN?

Cuando yo estaba destinada en Frankfurt, Alemania, solíamos tener tres formaciones al día. Una era para el entrenamiento físico a las 5:00 de la mañana, la siguiente era para presentarse en el trabajo a las 8:00 de la mañana; la última formación del día era al final de la jornada de trabajo. Todas esas formaciones infundían responsabilidad. El Tío Sam quería saber dónde estaban sus soldados en todo momento. Con frecuencia se nos recordaba que nuestras vidas no eran nuestras. Dios mantiene el nivel de sus soldados mejor que el Tío Sam. En cuanto Adán cayó, Dios se acercó y le preguntó: "¿Dónde estás?". En el ejército, la responsabilidad de rendir cuentas es de veinticuatro horas al día, los siete días de la semana. Eso siempre lo infundían en nuestras mentes. Aunque teníamos horas de trabajo y horas libres, teníamos que entender que siempre estábamos disponibles.

¿No es increíble cómo pensamos que le hemos hecho un favor a Dios al darle un poco de nuestro tiempo al día? Dios no quiere tiempo de nuestros días; Él quiere poseer nuestros días totalmente. En el ejército, si alguien en nuestra cadena de mandos trataba de llamarnos para entrar de servicio y no tenía éxito, seríamos considerados ASP. Ser ASP, o ausente sin permiso, era un cargo grave en el ejército. Todos los soldados alistados están gobernados por lo que se denomina el Código Uniforme de Justicia Militar. Son las regulaciones que gobiernan el sistema de justicia del ejército.

Adán estaba ASP cuando Dios llegó al huerto a buscarlo. Adán había quebrantado la ley de Dios, y estaba fuera de lugar en el espíritu. Cuando tercamente seguimos quebrantando las leyes de Dios, nos convertimos en delincuentes espirituales. ¡Yo crecí con una mentalidad de delincuente! Le doy gracias a Dios porque dejé mi mentalidad de delincuente cuando acudí a Cristo.

Yo creo que una persona con mentalidad de delincuente no está limitada a ser un asesino en serie, un violador o un ladrón de bancos. Una persona con mentalidad de delincuente es una persona que no es responsable ante las autoridades gobernantes y las leyes que han sido establecidas bajo su gobierno. Las personas que a propósito conducen sin tener licencia de conducir o falsifican cheques tienen mentalidad de delincuentes. Los ciudadanos que están dentro de la ley siguen las reglas, porque son responsables ante ellas.

Las reglas no les importan a las personas que no son responsables. Yo ministro a personas de las calles todo el tiempo. La mayoría de ellas tienen la misma historia; viven de acuerdo a aquello de lo que pueden librarse. Conducen sin licencias, roban gasolina en las gasolineras ¡y no tienen seguro en sus autos! Nunca se sientan y comprenden el hecho de que un día los agarrarán.

El factor más importante de autoridad es la responsabilidad. Dios no puede delegar autoridad a quienes no están dispuestos a rendir cuentas. Rendir cuentas es estar obligado a responder por actos o ser responsable de un fallo si se produce. Las cárceles están llenas de personas que nunca fueron responsables ante nadie; fueron hijos rebeldes que no obedecían a sus padres, y crecieron hasta llegar a ser ciudadanos rebeldes que no obedecían las leyes del país. En la cárcel, los internos no tienen otra elección sino obedecer las "reglas del aislamiento", pues si no lo hacen aumenta el nivel de aislamiento.

El nivel más alto de aislamiento es estar incomunicado. Las cárceles tienen "agujeros" o lugares de aislamiento para los reclusos que no pueden obedecer las reglas. Es lo mismo en las cosas del Espíritu. Hay un aislamiento en solitario para quienes continúan quebrantando las reglas de Dios aun en medio del castigo. Por eso las personas que están siendo disciplinadas por Dios no pueden disfrutar de ninguna de las cosas que les rodean hasta que lo entiendan. Aun en medio de todo lo que pensaban que era estupendo, se ven confrontados con una soledad que parece insoportable. El aislamiento definitivo en la vida es para quienes continúan resistiendo la corrección de Dios y cruzan la línea. Esa es una línea en el Espíritu que ningún hombre quiere cruzar; ¡se llama *reprobación*! Ser reprobado es *adokimos*, y significa tener un sello de desaprobación de Dios en la cabeza; significa ser un hombre marcado; significa ser un náufrago que es indigno de Dios debido al rechazo eterno por parte de Él.

¿Hay un ejemplo bíblico de reprobación? ¡Sí! Caín fue el primer hijo nacido de mujer, el primer asesino, ¡y el primer hombre al que se entregó a una mente reprobada!

Y él le dijo: ¿Qué has hecho? La voz de la sangre de tu hermano clama a mí desde la tierra. Ahora, pues, maldito seas tú de la tierra, que abrió su boca para recibir de tu mano la sangre de tu hermano. Cuando labres la tierra, no te volverá a dar su fuerza; errante y extranjero serás en la tierra. Y dijo Caín a Jehová: Grande es mi castigo para ser soportado. He aquí me echas hoy de la tierra, y de tu presencia me esconderé, y seré errante y extranjero en la tierra; y sucederá que cualquiera que me hallare, me matará. Y le respondió Jehová: Ciertamente cualquiera que matare a Caín, siete veces será castigado. Entonces Jehová puso señal en Caín, para que no lo matase cualquiera que le hallara. Salió, pues, Caín de delante de Jehová, y habitó en tierra de Nod, al oriente de Edén.

—Génesis 4:10-16

¡Guau! ¿Por qué no tenemos más enseñanza sobre esto? Este pasaje habla de personas que viven en la tierra y que no pueden ser salvas porque están eternamente condenadas. Dios puso una marca en la cabeza de Caín, y la palabra *marca* significa "presagio". Un *presagio* se define como "una maldición o una señal de mala suerte". Personalmente no creo en la mala suerte; ¡creo en las bendiciones y las maldiciones! La marca que Dios puso en la cabeza de Caín advertía a los hombres de que no lo tocaran, porque él había sido maldecido por Dios. ¡Eso sí que es un aislamiento! Caín estaba tan aislado que sus enemigos ni siquiera podían llegar a él. ¡La venganza contra él era del Señor!

En Romanos 1:28 Dios entregó a las personas a la reprobación debido a la homosexualidad. Hoy día tenemos predicadores que tienen iglesias para que los homosexuales se reúnan abiertamente y cómodamente. ¡Esas personas habitan en la tierra de Nod! *Nod* en hebreo es un lugar de exilio o itinerante; es un lugar para los desertores que han abandonado su lugar natural para unirse a otro. Los predicadores que ministran la inclusión de quienes hacen cosas que Dios ha excluido son desertores espirituales. Son vagabundos en la esfera terrenal hasta que lleguen a su aislamiento definitivo: ¡un solitario infierno ardiente! Son hombres que están en el corredor de la muerte. Las personas con mentes reprobadas no comenzaron como impíos; son personas que andan por iglesias. El pasaje de 2 Timoteo 3:8 relaciona a personas apóstatas (que se han apartado de Dios) con los hechiceros ante los cuales Moisés tiró su vara para que se tragara sus serpientes. La Escritura dice que ellos son como brujas con mentes reprobadas que resisten la verdad. Tito 1:16 también confirma que las mentes reprobadas son encendidas al jugar con Dios. ¡Este estado no proviene de jugar con tablas de guija! Dice:

> Profesan conocer a Dios, pero con los hechos lo niegan, siendo abominables y rebeldes, reprobados en cuanto a toda buena obra.

¡Las reglas del aislamiento no dan opciones a los hombres! Muchos creyentes están atados por esas reglas espirituales del aislamiento, las cuales los atan porque ellos no someten sus voluntades a rendir cuentas. Esta es la mayor guerra en la guerra espiritual: hacer las elecciones correctas. Una elección fundamental para cada persona cubierta por la sangre de Jesús es esta:

> ¡Someter su voluntad a rendir cuentas o ser encarcelado por las reglas del aislamiento!

Puede que eso suene duro, pero es bíblico. Muchas personas están en una cárcel espiritual porque escogen su propio camino; no se someten a la autoridad legítima. En el ejército eso se denomina "no obedecer un mandato legítimo". ¡En el Reino se denomina *blasfemia*! Blasfemia es cualquier palabra o acto que sea irrespetuoso hacia Dios o hacia las cosas referentes a Él. Pablo envió a Himeneo y Alejandro a la cárcel del diablo a fin de que aprendieran a no blasfemar o ser irrespetuosos (ver 1 Timoteo 1:20). Su error en doctrina los condujo a no respetar la posición en que Pablo caminaba. Él era un apóstol de Jesucristo, ¡un enviado! No respetar la autoridad delegada de Dios es no respetar a Dios.

CAPÍTULO 14

Autoridad espiritual en el ejército del Señor

(Parte 2)

L a autoridad espiritual es tan importante en la guerra espiritual que yo no podría decir todo lo que necesito decir sobre ello en un solo capítulo. Doy gracias a Dios por los poderosos hombres y mujeres de Dios que Él ha traído a mi vida. El apóstol John Eckhardt, el Dr. C. Peter Wagner, el Dr. Kingsley Fletcher, el pastor Rod Parsley, el obispo Wallace Sibley y el obispo Quan Millar han sido todos ellos coberturas espirituales en un momento u otro para mi esposo y para mí.

Uno de los principios más fuertes que me infundieron como soldado fue no salir nunca sin cubrir mi cabeza. Ni se oía que un soldado uniformado fuera agarrado en el exterior sin llevar cubierta su cabeza. La teoría era que estábamos siendo entrenados para situaciones de guerra. Cuando yo estaba en el ejército llevábamos gorras de camuflaje. Si estábamos en un área que era verde, llevábamos gorras de camuflaje verdes; si estábamos en el desierto, llevábamos gorras de color vainilla y marrón. La idea era encajar en el escenario por si acaso el enemigo lanzaba un ataque aéreo. El príncipe de la potestad del aire gobierna sobre los hijos de desobediencia. Los creyentes que no tiene ninguna cobertura espiritual le llaman la atención. La verdadera autoridad espiritual debe ser sometida a una autoridad espiritual. En la cadena de mandos, cada persona debería tener a alguien ante quien responder, sin importar el rango que él o ella tengan. En el ejército se nos enseñaba a cubrirnos unos a otros. Ese tipo de cobertura era necesaria cuando hacíamos maniobras hacia un objetivo. Utilizábamos el sistema de colegas y avanzábamos en parejas. Muchas personas intentan moverse en las cosas de Dios solos. Lo diré otra vez: ¡no caiga presa de convertirse en un llanero solitario o un soldado solo! En mi iglesia utilizamos al menos dos personas en las tareas de oración; se necesitan al menos dos para tocar y ponerse de acuerdo. Siempre es bueno tener un dedicado compañero de oración para cubrirle en el Espíritu cuando se esté moviendo usted en algo que requiera que tenga las espaldas cubiertas. Su pastor cubre su cabeza, pero en el combate espiritual usted necesita compañeros que cubran sus espaldas en la guerra espiritual a nivel de tierra.

Da miedo estar en las trincheras de la vida sin un compañero de trinchera. Yo necesito asociados en el ministerio a quienes no les importe levantarse las mangas de la camisa y "ensuciarse" en las trincheras conmigo. No estoy con personas que tengan miedo de ensuciarse en el ministerio.

Cuando nos entrenábamos en maniobras tácticas, un soldado avanzaba mientras el otro lo cubría. La tarea del soldado que cubría era disparar al enemigo mientras su compañero avanzaba a gatas bajo el fuego. Avanzar a gatas le daba al soldado la capacidad de permanecer por debajo de las balas. Si levantaba su cabeza por encima del fuego, era seguro que las balas le alcanzarían. Este es un principio espiritual muy importante. La humildad siempre le protegerá de los dardos de fuego del enemigo. Si levanta usted la cabeza en la guerra espiritual, se convertirá en una víctima. Dios resiste a los soberbios y está contra ellos.

Es cierto que si Dios está por usted, nadie puede estar contra usted. Por otro lado, si Dios está contra usted, ¿quién puede estar por usted? Puede estar seguro de que si Dios le da una tarea, ¡estará usted bajo el fuego! Necesita a alguien que interceda por usted. La intercesión poderosa por otro hermano o hermana literalmente libera bombardeos contra el enemigo, los cuales le detienen. Eso dará tiempo a un hermano o hermana para que avance. Cuando estamos en la brecha los unos por los otros, eso libera otro nivel de autoridad. Los demonios temen las oraciones que no sean egoístas y motivadas por el interés propio. La oración por un compañero, la cual se hace con motivos e intenciones correctas, confunde a las tinieblas.

Hay autoridad en los números, y cuando nos ponemos de acuerdo aumenta la autoridad que ya existe. La Biblia dice que uno puede tomar autoridad sobre mil y dos pueden tomar autoridad sobre diez mil (Deuteronomio 32:30). La definición de *autoridad* es "tener el derecho de ordenar, determinar y hacer cumplir leyes que han sido establecidas por una entidad gubernamental mayor". Jesús estableció nuestra autoridad sobre nuestros enemigos cuando murió en la cruz. Él fue al infierno y tomó toda autoridad del diablo; le arrebató al diablo las llaves de la muerte, el infierno y la tumba. ¡Esta es la mayor victoria registrada nunca! Ahora, como creyentes, podemos andar en victoria diaria sobre todo desafío de la vida.

TRES NIVELES DE AUTORIDAD

Tengo un buen amigo, el pastor Guillermo Maldonado, quien pastorea una iglesia en Miami, Florida. Es un poderoso hombre de Dios y tiene una de las iglesias hispanas más grandes de Estados Unidos. Él camina en una autoridad espiritual poco común. Me dijo algo sobre la autoridad que nunca olvidaré; me dijo que hay tres niveles de autoridad:

1. La autoridad de la obediencia

2. La autoridad ganada

3. La autoridad de la resurrección

Él dijo que la obediencia abre la puerta a la autoridad. Esta es la autoridad que Dios da a quienes son fieles en las cosas pequeñas. Cuando somos fieles en las cosas pequeñas que Él nos encomienda, obtenemos victorias, y eso conduce a un segundo nivel de autoridad: la autoridad ganada. Esta es la autoridad en la que Josué caminaba. Debido a las batallas que él había ganado, había un respeto que se le daba como conquistador.

La Biblia dice que somos más que vencedores (Romanos 8.37). Muchos creyentes nunca caminarán en la unción de la conquista hasta que tengan victorias bajo sus brazos. No puedo imaginar no tener victoria. Al menos yo pensaba que estaba teniendo victoria en el mundo, aunque no era así. Es una desgracia venir a Cristo y caminar en derrota.

La derrota y la pesadez son gemelos en el espíritu. Una persona derrotada está abierta a todo lo que viene con el espíritu de pesadez. Suicidio, depresión, ansiedad y rechazo permanecen sobre una persona que no tenga victoria en su vida. Pero también es cierto lo contrario; cada vez que tenemos una nueva victoria, eso refuerza más victoria. La palabra sale en el espíritu y nuestros enemigos la oyen. Por eso los paganos tenían temor al pueblo de Dios en tiempos bíblicos.

Los enemigos de Dios saben con quién está Dios, y con quién no está. Tienen temor a estar en la presencia de aquellos con quienes Dios está. Eso es lo que yo denomino *la unción de Emmanuel*: "¡Dios con nosotros!". Si Dios está por nosotros, ¿quién puede estar contra nosotros? Eso es lo que está escrito en la frente de un hijo del Rey victorioso.

Los dos primeros niveles de autoridad están arraigados en la obediencia y la victoria. El diablo es derrotado por la sangre del Cordero y la palabra de nuestro testimonio. Las personas sin testimonio son débiles necios para el lado oscuro. Si no puede usted hablar de la bondad de lo que Dios ha hecho por usted, sus palabras no tienen peso en el espíritu.

Los creyentes victoriosos pueden estar delante del infierno y declarar: "¡Yo soy un vencedor porque he pasado por un desastre y salí oliendo a rosas!". Esa es la autoridad ganada de la generación de Josué. Ellos se han ganado el derecho a decirlo, y no se avergüenzan de ello. Cada vez que cuentan su testimonio se hacen más fuertes en el Espíritu. Los creyentes que tienen cosas que ocultar tienen poca o ninguna autoridad. Tienen una oscura nube de mentiras sobre sus cabezas cada vez que tratan de dar un paso en Dios. No pueden avanzar porque el enemigo les recuerda su feo secreto. Los feos secretos se comen la autoridad de un creyente. El espíritu de condenación se convierte en su cobertura, y no tienen verdadera libertad. Comprendo que hay un tiempo para no decir cosas, pero por otro lado hay un tiempo para "decirlo".

AUTORIDAD DE LA RESURRECCIÓN

El tercer nivel de autoridad que mi amigo me mencionó fue la autoridad de la resurrección. Él no se extendió, así que le pedí al Espíritu Santo que me diera una revelación de la autoridad de la resurrección.

Dios me dijo que el año 2006 era un año de resurrección. Yo comencé a regocijarme por cosas que estaban siendo resucitadas. Nunca consideré que para resucitar una cosa, antes tenía que estar muerta. Esa revelación llegó pronto a medida que el año avanzaba. Durante el tiempo en que he sido pastora en la iglesia de la esquina de Steel y Blue, ningún miembro de la congregación había muerto, ¡en once años! Solamente habíamos enterrado a unos cuantos parientes de nuestros miembros.

A principios de año, mi escudero murió de repente. Él tenía solo cuarenta años de edad y parecía tener una salud perfecta. Cayó muerto en su casa una noche mientras yo trabajaba en mi oficina. No deseo hablar de los detalles de su muerte. Cuando recibí la llamada diciendo que él estaba muerto, yo no lo creí. ¡Seguí trabajando! Me volvieron a llamar y me dijeron: "Apóstol, ¡Jessie está muerto!".

Yo les dije que él no estaba muerto, y llamé a los guerreros de oración para que se reunieran conmigo en el hospital. Íbamos a orar por él y a traerlo a casa. En el pasado, cada vez que íbamos al hospital con una situación, habíamos salido en victoria.

Cuando llegué al hospital, me dieron un distintivo que decía: "Habitación silenciosa". Yo no sabía que era una sala para familias que habían pasado por una muerte. Jessie estaba tumbado en una cama con su boca totalmente abierta. Su cuerpo aún estaba caliente, y tenía un tubo que bajaba por su garganta y le salía por la boca. Ninguno de nosotros lloraba. Esperábamos que Jessie se levantara y se fuera a casa con nosotros aquella noche. Yo le impuse manos, cité pasajes bíblicos y ordené a su espíritu que regresara a su cuerpo. Oramos durante horas.

Finalmente, las autoridades del hospital nos dijeron que tenían que llevar el cuerpo a la morgue. Parecía como si odiaran decirnos que teníamos que salir de la sala del hospital. Éramos tan persistentes para resucitarlo de la muerte que seguimos el cuerpo hasta la morgue y nos sentamos fuera tratando de pensar cómo entrar para seguir con nuestros esfuerzos de oración. Hicimos todo lo que pudimos para evitar que embalsamaran el cuerpo. Yo hasta hice que mi esposo regresara a la morgue al día siguiente para sacar el cuerpo de Jessie del lugar refrigerado para orar por él otra vez.

Mi esposo llegó a casa y me dijo: "Cariño, él está muerto. ¡Tenemos que prepararnos para un funeral!". Quizá la gente piense que somos un puñado de locos religiosos, pero yo solamente podía ver a Jessie vivo. Me negué a recibir la muerte. Al día siguiente, los miembros de la iglesia siguieron llamando para preguntar si nuestro hermano ya se había levantado, y yo finalmente tuve que decirles: "¡Él no se levantó!".

Regularmente predico sobre echar fuera demonios, sanar a los enfermos y resucitar a los muertos. Nunca he tenido la muerte tan de cerca. Estuve delante del Señor todo el día siguiente. ¡Dios me habló muy claramente! Dijo que señales, maravillas y milagros seguirían a su pueblo que creyera en Él, pero que una generación malvada pediría señales.

Dios comenzó a revelarme su dominio en otro nivel; dijo que si Él nunca volvía a hacer un milagro en mi vida, ¡Él seguía siendo Señor! Me mostró cómo algunas personas solamente sabían cómo declarar su señorío cuando le veían moverse a favor de ellas. Malvadamente buscaban sus señales y nunca querían tener nada que ver con Él. Me advirtió que nunca cuestionara su poder cuando yo no lo veía manifestarse. *¡Dijo que Él era Señor por sí mismo!*

Aprendí una gran lección de victoria de lo que consideraba una gran derrota. Mis ancianos y yo estábamos tan acostumbrados a ver victoria diariamente que Dios nos estaba enseñando que aun bajo las peores circunstancias debemos declarar *su señorío*.

La semana anterior a este incidente yo había visto abrirse ojos ciegos y oídos sordos. Durante meses habíamos visto a personas levantarse de sillas de ruedas y a bebés sanados de enfermedades incurables. "Oh, ¿cómo me adoran ahora?", me indicó el Señor. Entonces me llevó a su Palabra con respecto al asunto:

> Todos los que vieron mi gloria y mis señales que he hecho en Egipto y en el desierto, y me han tentado ya diez veces, y no han oído mi voz.
>
> —Números 14:22

Dios comenzó a mostrarme que el poder de la resurrección se trataba de algo más que de ver sus milagros. Muchos vieron milagros y no oyeron su voz. Para tener la unción de la verdadera autoridad de la resurrección, debemos conocerlo a Él en el poder de su resurrección y en la participación de sus sufrimientos (Filipenses 3:10).

Cuando las cosas no van como deseamos, muchos así denominados poderosos cuestionan a Dios. La verdadera autoridad de la resurrección nunca cuestiona a Dios. Yo he cometido muchos errores en mi caminar con Dios, pero hay una cosa de la que no soy culpable: preguntar a Dios *por qué*. Hay un dicho que dice que cuando las cosas se ponen difíciles, lo difícil continúa. Yo estoy firme en la verdad de que el Reino de Dios sufre violencia, y los violentos lo arrebatan.

Tres semanas después de que muriera mi escudero, mi padre murió. Unas cuantas semanas después de aquello, dos buenas amigas perdieron a sus padres en la misma semana. Mi esposo y yo íbamos a los funerales por separado. Era como si la muerte barriera nuestras vidas. Nunca antes había comprendido que para resucitar algo de la muerte, ¡antes tiene que morir!

Me pregunto si la gente entiende realmente lo que está pidiendo cuando le pide a Dios la autoridad de la resurrección. Marta vio a Jesús después de que Lázaro hubiera muerto, y actuó como si Jesús llegara demasiado tarde. Jesús le dijo: "Tu hermano resucitará". Ella respondió dando a entender que ya sabía de lo que Jesús estaba hablando. Ella dijo que sabía que él resucitaría en la resurrección.

Jesús dijo con absoluta autoridad: "¡Yo soy la resurrección!". Él dijo que cualquiera que creyera en Él volvería a vivir si estaba muerto; y cualquiera que creyera en Él y estuviera vivo nunca moriría (ver Juan 11).

La autoridad de la resurrección nos da la capacidad de resucitar a los muertos; pero más profundo que eso, tenemos la Resurrección viviendo en nuestro interior. Por tanto, cada vez que una semilla cae a tierra y muere en Cristo, debido a la Resurrección misma, ¡esa semilla da nacimiento a una nueva vida!

Yo prediqué en el funeral de mi padre y en el de Jessie. Muchas almas fueron salvas, y familiares restauraron sus relaciones mutuas. Una relación con una hermana pequeña con la que yo no me había comunicado por años fue restaurada debido a la muerte de mi padre. En mi autobiografía, *Delivered to Destiny* [Libre para alcanzar su destino], hablé sobre las personas de Uptown. Muchas de las personas de Uptown estaban en el funeral de mi padre. Yo regalé libros en el funeral y los firmé. Todos ellos sabían que mi padre estaba orgulloso de mí; y, a propósito, mi padre entregó su vida al Señor en su lecho de muerte después de setenta y ocho años; ¡eso es el poder de la resurrección!

GUERRA DE DOMINIO

El deseo de mi corazón es ver el dominio que Dios le dio a Adán en el huerto restaurado en la iglesia en los últimos tiempos. *Dominio* se define como "el ejercicio de control en el territorio de alguien o su esfera de influencia". Génesis 1:26 describe la esfera de influencia del hombre con respecto al dominio que Dios le dio. Yo lo denomino *¡dominio territorial!*

> Entonces dijo Dios: Hagamos al hombre a nuestra imagen, conforme a nuestra semejanza; y señoree en los peces del mar, en las aves de los cielos, en las bestias, en toda la tierra, y en todo animal que se arrastra sobre la tierra.
>
> —Génesis 1:26

La mayoría de la gente no entiende que el poder del enemigo opera en la tierra, bajo la tierra, bajo el agua y en el aire. Por eso Dios nos dio dominio territorial desde el principio. Tenemos dominio sobre las cosas bajo el agua, en el aire, y sobre y bajo la tierra. En Éxodo 20:4 Dios advierte a su pueblo que no se hagan imágenes de cosas en los cielos, en la tierra o en el agua bajo la tierra. Hay espíritus que gobiernan en la tierra, bajo la tierra y en el aire. Dios nos ha dado poder sobre todos ellos. Veamos el modo en que operan.

1. La potestad del aire

Efesios 2:2 describe una tarea del príncipe de la potestad del aire. Un nombre para el dios griego del segundo cielo es *Zeus*. El segundo cielo es un cuartel general demoníaco que está estratégicamente situado para controlar a personas como si fueran marionetas con cuerdas. En el espíritu, así es exactamente como se ve: ¡como un espectáculo de marionetas! Cada ser humano está conectado o bien con el segundo cielo o bien con el tercero. Las personas que están atadas por la actividad del segundo cielo están conectadas con el segundo cielo mediante cuerdas demoníacas.

El hidra es el dios de las maldiciones recurrentes y también está sentado en los cielos. Es una de las constelaciones o grupos de estrellas que moran en los cielos. La potestad del aire (o ciclo inconsciente) es una atadura subliminal, la cual es controlada desde el aire. Este espíritu se oculta tras la cobertura de hábitos naturales, y sus víctimas nunca sospechan que están bajo su control. Antes de que las personas sean liberadas de adicciones y hábitos, deben cortarse las cuerdas demoníacas en el espíritu para eliminar sus alianzas con el segundo cielo. Después de esto puede tener lugar la liberación a nivel de tierra.

2. Cosas móviles sobre la tierra

La guerra espiritual a nivel de tierra es una confrontación en primera línea con el enemigo en la esfera terrenal. Para luchar eficazmente contra un enemigo, debe usted ser capaz de identificarlo. Pensé que era interesante que la palabra *móvil* (*remes*) en Génesis 1:28 significara "reptil". Satanás se manifestó a sí mismo a Eva en el huerto, y se luchó la guerra en la tierra. Desde el principio, el hombre ha batallado con el espíritu de reptil en la tierra; son demonios que se manifiestan a sí mismos en la tierra. El diablo siempre se ha manifestado a sí mismo como un reptil. En Génesis, se manifestó como una serpiente. En Apocalipsis se le describe como un dragón. A pesar de los malignos esfuerzos del diablo, desde Génesis hasta Apocalipsis Dios nos ha dado dominio sobre todo poder del enemigo. Dios nos ha revelado esas tareas territoriales a fin de que podamos tratar con ellas en oración. Son las fortalezas del infierno que han sido establecidas en la tierra para oponerse al Reino de Dios. Son enemigos ya derrotados.

3. Espíritus marinos

Probablemente el tema más controvertido en la guerra espiritual sea el tema de los espíritus del agua. Si Dios dijo que había cosas por las que preocuparse bajo el agua, ¡es así! Neptuno es el dios romano del mar, y ha sido adorado desde el comienzo del tiempo. En otras culturas tiene muchos otros nombres; a pesar del nombre que se utilice, él es el dios de los espíritus del agua.

El hidra (ver el capítulo 16 para una enseñanza más extensa sobre el hidra) se conoce como un monstruo marino en la mitología griega; también es un tipo del espíritu del agua. En sectas vudú, un espíritu marino llamado el *Loa* es conjurado como un dios del mar. Todo el sistema de la guerra espiritual del agua está bajo un espíritu territorial llamado *la reina de la costa*. El nivel más alto de guerra espiritual en la esfera de las tinieblas es conducido por demonios que se manifiestan a sí mismos como hembras. Eso se debe a viejos espíritus de la antigüedad que adoran el vientre debido a su capacidad reproductora. Esos espíritus hembra incluyen a la reina de la costa, la reina del cielo y la reina del infierno. Gobiernan en las esferas indicadas por sus nombres.1

4. Las puertas del infierno

La Biblia nos recuerda que las puertas del infierno no prevalecerán contra la iglesia (Mateo 16:18). La palabra *puertas* es *pule*, y significa "entradas al infierno". Plutón es el dios romano del infierno. Hay muchos otros nombres para este dios. Las entradas (puertas) del infierno son torbellinos mediante los cuales los demonios viajan de la tierra al infierno. No es ningún secreto que el infierno está en el centro de la tierra. Las entradas al infierno se ha dicho que fluyen en un movimiento en espiral. Muchos testimonios de quienes han tenido experiencias cercanas a la muerte hablan de una entrada al infierno en espiral. La palabra *torbellino* se define en el diccionario *American Heritage Dictionary* como: "pasajes que fluyen en un diseño en espiral".

Yo creo que el Señor me ha mostrado que las fallas en la tierra que están directamente relacionadas con los torbellinos del infierno. Es así como hacemos guerra espiritual contra los desastres naturales por los huracanes. Atamos el tráfico de puertas demoníacas que causarían huracanes.

CAPÍTULO 15

Las fuerzas armadas del Señor

¿Se ha alistado en las fuerzas armadas del Señor?

Como mencioné en el anterior capítulo, las fuerzas de las tinieblas están establecidas territorialmente y estratégicamente en el aire, en la tierra, en el agua y bajo el agua. El principio más poderoso en la guerra espiritual es este: todo lo que Dios tiene, el diablo siempre lo falsifica.

Lucifer quería ser adorado, y estalló una guerra en el cielo. Siempre recuerde que la batalla es por la adoración. Si puede usted discernir la razón de la batalla, será capaz de identificar el plan de batalla de sus enemigos. Muchas personas no comprenden por qué experimentan guerra espiritual; sin embargo, todos tienen la misma raíz para experimentar ataque. Se debe simplemente a que somos hechos a imagen de Dios (nadie está furioso sino el diablo). Cuando el diablo fue expulsado del cielo, llegó furioso a la tierra. Desde ese momento él ha establecido estratégicamente fuerzas para ir en contra del orden de Dios. Desde que Dios ha establecido el orden de la creación, el diablo lo contrarresta con un orden falsificado.

Entender este principio nos ayuda a contrarrestar los planes y las estrategias que se oponen a la voluntad de Dios en la esfera terrenal. Antes de entrar en detalle con respecto a las fuerzas del Señor, debo antes hablar de las *esferas*. La palabra *esfera* es otra palabra para reino. Un reino es cualquier área en la que una cosa es dominante. En el reino de las plantas, las plantas son la fuerza dominante. Lo mismo es cierto con los reinos animal y mineral. Desde la creación, Dios ha sido metódico y meticuloso. Él es un Dios de orden; organizó todo lo que creó con un plan claro. Antes del tiempo, los detalles de cómo Dios quería que se estableciera todo lo que creó ya estaban en su mente. Dios no se limitó a lanzar las estrellas al cielo, dejando que cayeran en cualquier lugar. Cada estrella tiene un lugar designado en el cielo, y cada árbol tiene un agujero concreto en la tierra.

El segundo mandamiento de los Diez Mandamientos identificó las esferas con las cuales tratamos en la guerra espiritual (ver Éxodo 20:4). La esfera en la cual vivimos es, desde luego, la tierra. Este pasaje también revela lo que no es tan obvio para nosotros: las esferas en las que el hombre penetra para adorar a dioses extraños. Siempre que hay adoración, *también habrá guerra*.

Basándonos en estas observaciones, yo creo que hay cuatro esferas en las cuales necesitamos enfocar nuestros esfuerzos de guerra territorial. Son:

1. Los cielos

2. La tierra

3. La tierra de debajo

4. El agua bajo la tierra

Definamos la *guerra territorial*. La guerra territorial es hacer guerra contra las fuerzas de las tinieblas por asignación. Esta asignación es a la vez ofensiva y defensiva. Nuestra tarea defensiva en la guerra territorial es conocer nuestra "área de operación" o "A.O.", y aprovecharnos de los beneficios de estar en el lugar. En el ejército, no se pensaba bien de un soldado que entrara en el área de destreza de otro soldado. Cada soldado tenía asignada una E. O. M. (especialidad de ocupación militar) cuando él o ella estaban en el ejército. Dios le dio a Josué una revelación de los beneficios de conocer el área de operación en la guerra espiritual.

> Yo os he entregado, como lo había dicho a Moisés, todo lugar que pisare la planta de vuestro pie. Desde el desierto y el Líbano hasta el gran río Eufrates, toda la tierra de los heteos hasta el gran mar donde se pone el sol, será vuestro territorio. Nadie te podrá hacer frente en todos los días de tu vida; como estuve con Moisés, estaré contigo; no te dejaré, ni te desampararé.
>
> —JOSUÉ 1:3-5

Este pasaje nos habla de los beneficios de estar en el lugar:

1. Todo lo que pise la planta de sus pies, esa tierra será subyugada (según su territorio).

2. Ningún enemigo podrá permanecer delante de usted, en oposición, todos los días de su vida.

3. Al igual que Dios estuvo con Moisés y con Josué, estará con nosotros.

¡Guau! Qué paquete de beneficios tan increíble. El ejército natural nunca me ofreció un trato como eso. Cuando entramos en batalla en el bando del Señor, podemos tener el paquete de beneficios de Josué, y lo único que tenemos que hacer es encontrar nuestra área de operación y permanecer en ella. Como velocista, la velocidad lo era todo para mí. Pero sin tener en cuenta la velocidad, si un atleta se pasaba a la calle de otro competidor, esa persona era descalificada. Pablo habla de correr su propia carrera (2 Timoteo 4:7). Su defensa en la guerra territorial es conocer los perímetros que Dios le ha dado a usted, y no cruzarlos. ¡La victoria será inevitable!

La tarea ofensiva de la guerra territorial es pan comido una vez que se sitúa usted en su lugar. Solo porque sea usted salvo no significa que esté en su lugar. Muchos cristianos viven vidas derrotadas y nunca experimentan victoria en la esfera que Dios diseñó para ellos para que la tuvieran.

Nuestra victoria como creyentes está designada para nosotros en la esfera terrenal; pero muchos se enfocan en la victoria que recibirán en la esfera celestial después de la vida. Dios ha reservado la victoria en la esfera celestial para nosotros. Cuando tenemos victoria en la esfera terrenal, no solo obtenemos algo de ella, sino que Dios obtiene lo que quiere: ¡la gloria! Dios se agrada al sentarse en el trono ¡y vernos patearle el trasero al diablo! Sé que estas palabras puede que sean fuertes, pero es así como yo lo veo.

Imagino que hay un partido de la Super Bowl espiritual en el cielo, donde la nube de testigos está sentada dándonos ánimo. Un día yo le decía a Dios que quería conocer a algunas de las personas en la Biblia. El Espíritu Santo me interrumpió en mitad de mis palabras y dijo: "Hay muchos en el cielo que no pueden esperar a conocerte. Observan tu historia cada día. ¡Tu libro está en la puerta!".

Yo inmediatamente pensé que aquella era una puerta espiritual y un nuevo libro; pero cuando fue a mi puerta, el primer ejemplar de mi testimonio, *Delivered to Destiny* [Libre para alcanzar su destino], estaba literalmente en mi puerta. Eso me dejó perpleja, pero Dios quería que supiera que lo que Él me había hablado era tan real como el libro que estaba a mi puerta.

Estamos rodeados de una nube de testigos (Hebreos 12:1). A veces pienso en lo aburrido que debe de ser para los testigos del cielo observar cuando se producen en nuestras vidas derrota tras derrota y queja tras queja. Estoy segura de que ellos "cambian de canal" para ver historias más grandiosas de "las fuerzas del Señor". Sé que ellos no quieren observar como el pueblo de Dios es golpeado repetidamente por un diablo que fue eternamente derrotado hace más de dos mil años. Como creyentes, debemos estar firmes y ser contados como las fuerzas del Señor.

La victoria en Cristo Jesús no está designada solamente para guerreros de oración o para predicadores con poder. La victoria es para cada creyente, pero debe prepararse y situarse en posición para caminar en la tarea ofensiva de la guerra territorial. ¡Esa es su esfera! Es usted una parte de las fuerzas del Señor, ¡que son parte del Reino de Dios! Afrontamos muchos desafíos en la iglesia, pero no hay ninguno en el Reino. La palabra griega para *reino* es *basilia*. La *basilia* de Dios se define como "una esfera de total gobierno y dominio". Por ese motivo debemos caminar en una autoridad que traiga el cielo a la tierra. Es entonces cuando el Reino viene y la voluntad de Dios se hace en la esfera terrenal. Somos llamados a manifestar el Reino en la esfera terrenal.

SER PUNTA DE LANZA CONTRA EL ENEMIGO

Un término militar para atacar la oposición es *ser punta de lanza*. Ser punta de lanza contra el enemigo es ser una fuerza impulsora que tiene la capacidad de penetrar en las líneas enemigas. El término se origina a partir de la palabra *lanza*, que es un arma con una punta afilada. Una punta de lanza representa a las fuerzas del frente en un avance militar.

Una fuerza de punta de lanza del Señor mora en una esfera en que el Reino sufre violencia y se arrebata (Mateo 11:12). El poder de una punta de lanza es la fuerza que tiene tras ella. La palabra fuerza (*harpazo*) en Mateo 11:12 significa "agarrar o tomar posesión por la fuerza"; también significa "tener un efecto repentino en". Cuando la punta de lanza del Señor es lanzada contra las tinieblas, Dios libera sus fieles fuerzas. Ellas cubren cada esfera que se levanta contra la adoración al Dios Altísimo.

LAS FUERZAS ARMADAS DEL SEÑOR

Identifiquemos las fuerzas armadas del Señor.

Soldados de infantería (ejército y marines)

Los soldados de infantería son las fuerzas del Señor que tienen la capacidad de realizar combate cuerpo a cuerpo. Llevan armas de guerra, pero la unción está en sus manos y sus pies. El Salmo 18:34 dice que Dios enseña a nuestras manos a hacer guerra a fin de que nuestros brazos puedan doblar un arco de bronce.

La palabra hebrea para *manos* es *yad*, y se refiere a una mano abierta que es capaz debido al poder y al dominio. También significa estar consagrado y ser un terror. El pueblo de Dios era considerado un terror para sus enemigos en tiempos bíblicos. Eran temidos debido a la consagración en la cual caminaban. Lo único que hace temblar a los demonios en la guerra espiritual es una persona que sea santa y separada para el Señor. ¡La santidad aterroriza a las tinieblas! La razón de que todos los enemigos de Dios temieran a su pueblo se debía a que Él estaba con ellos. No había otra razón.

Los soldados de infantería para Jesús pueden tener la confianza de que sus enemigos no permanecerán delante de ellos, porque ellos están en su lugar y Dios está con ellos. La gente tiene miedo a los demonios porque no tiene la verdadera presencia de Dios. La verdadera presencia de Dios hará que los demonios tengan miedo de usted.

Por eso todo lo que pisen nuestros pies y todo lo que toquen nuestras manos prospera. Por favor, entienda que esto es condicional. Ante todo, debemos permanecer en nuestra costa o territorio. La palabra *costa* en Josué 1:4 es *gebul*, y significa "territorio cerrado". Dios dio perímetros concretos en cuanto al lugar donde Josué debía batallar. Mientras él permaneciera dentro de esos perímetros, se le prometía la victoria. Si Josué se salía fuera de esos perímetros, su *bendición territorial* se convertiría en una *maldición territorial*.

Fuera de los perímetros de Dios, estamos solos. En nuestra A.O. hay una esfera de autoridad que no puede ser negada. La autoridad de nuestra costa está situada en la planta de nuestros pies. La palabra *pies* en el primer capítulo de Josué es *kaph*, y significa lo mismo que la palma de la mano. Nuestra autoridad está situada en el centro de nuestras manos y pies. Cuando la gente fue a enterrar a Jezabel, lo único que quedaba de ella era su cráneo, sus pies y las palmas de sus manos (2 Reyes 9:35). La palabra palmas en este pasaje es *kaph*, la misma que las plantas de nuestros pies que se menciona en Josué.

Hay un hecho más importante a observar sobre los soldados de infantería: ellos no solo caminan, marcan el paso (o pisan). Pisar (*darak*) significa "ensartar un arco y hacer un sendero". Los soldados de infantería son puntas de lanza de primera línea. Son exploradores y pioneros apostólicos que abren paso en territorios desconocidos y hacen camino para la siguiente generación de tropas.

Fuerza aérea

Cuando yo estaba en el ejército, con frecuencia oía esta frase: "¡Quien controle el aire, controla la tierra!". En la guerra espiritual, el control del tráfico aéreo es muy importante. La fuerza aérea de Dios tiene la capacidad de controlar las ondas aéreas espirituales mediante la vida y la muerte de su lengua. Ellos operan desde la torre de control de tráfico aéreo que Dios estableció en Mateo 18:18-19:

> De cierto os digo que todo lo que atéis en la tierra, será atado en el cielo; y todo lo que desatéis en la tierra, será desatado en el cielo. Otra vez os digo, que si dos de vosotros se pusieren de acuerdo en la tierra acerca de cualquiera cosa que pidieren, les será hecho por mi Padre que está en los cielos.

Preste mucha atención a las palabras *acerca de* en el pasaje anterior; es *peri* en hebreo, y significa "formar un circuito". No hay nada como la formación de aviones de combate que se alinean para lanzar ataques contra un objetivo. Forman un circuito, y en unísono expulsan al enemigo. Aunque todos son expertos luchadores en el aire, es su capacidad de operar como una sola fuerza la que penetra en su objetivo. Ellos se cubren unos a otros, porque el objetivo es llegar a la diana sin ninguna víctima.

Hay demasiadas víctimas de guerra en la iglesia. Dios nos está llamando a utilizar la vida y la muerte de nuestras lenguas para controlar las ondas aéreas espirituales. La *vida de la lengua* da a las cosas permiso para existir en la esfera terrenal. La *muerte de la lengua* prohíbe a las cosas llegar a existir o seguir operando. Muchas personas son ignorantes de la poderosa arma de la muerte de la lengua. Es el arma que activa la munición utilizada para atar.

Los espíritus amables y religiosos insisten en negar el poder que Dios nos dio para tomar autoridad sobre lo que nos rodea. Quienes entienden la guerra de dominio se deleitan en tomar los aires. La fuerza aérea del Señor tiene la autoridad de decir sí o no en cuanto a lo que sucede en regiones. Cuando nos preparemos y tomemos nuestra posición legítima sobre las ondas aéreas espirituales, poseeremos la tierra. Cuando la intercesión llegue a este punto, los soldados no tendrán que trabajar tanto.

La fuerza aérea de Dios debería estar dirigida por apóstoles. La Biblia dice que Dios puso primero apóstoles en el orden espiritual (1 Corintios 12:28). La palabra *primero* es *proton*, y significa "primero en tiempo, lugar y orden de importancia". El orden de importancia no es que los apóstoles tengan mil iglesias o que puedan predicar mejor que nadie. El factor importante es que los apóstoles tienen la unción para enfrentar sus caras directamente contra principados sobre regiones. Ellos son enviados que han sido situados por Dios y designados para gobernar en esta esfera. Cuando la iglesia tenga una mejor revelación de la función en los últimos tiempos de los apóstoles, el fundamento de las tinieblas será conmovido desde los cielos.

Marina

Un día cuando estaba comiendo con el Dr. Don Colbert, él mencionó algo que me ayudó a atar cabos en la guerra espiritual. A veces hacemos cosas por el Espíritu, pero no tenemos conocimiento natural del porqué las hacemos. Debemos tener mucho cuidado cuando queremos saber los detalles de todo. Algunas cosas simplemente sentirá usted que son correctas y será capaz de hacerlas por fe.

Una de esas cosas para mí fue orar por el agua. Siempre me sentí guiada a orar por el agua. No había ninguna razón aparente a excepción de que sencillamente me sentía guiada en esa dirección. El Dr. Colbert me explicó acerca de la investigación que hizo un grupo de científicos. Esos científicos pusieron distintos tipos de música sobre contenedores de agua y dejaron que el agua se congelara mientras la música sonaba. Cuando ponían música demoníaca, el agua se congeló formando feos patrones en ella. Por otro lado, cuando ponían música de alabanza o positiva, el agua se congeló formando hermosos cristales.

¿Qué tiene que ver eso con la marina espiritual de Dios? Los resultados de las pruebas científicas del agua demostraron que el agua transporta información. En Génesis 1:2 sabemos que la tierra no tenía forma.

La Versión Ampliada en inglés dice que era "un vacío, y la oscuridad estaba sobre la faz del gran profundo". La palabra *profundo* es *tehowm*, y significa "abismo o profundo cuerpo de agua". El Espíritu de Dios se movía (*rachaph*) sobre el agua. *Rachaph* se describe en la *Concordancia Strong* como "moverse y agitar".

El agua transporta información hoy día, porque transportó la Palabra de Dios en el principio. Al igual que hay una marina natural Dios tiene una marina espiritual. Esta marina protege las vías fluviales.

Submarinos

Toda marina tiene una fuerza submarina. Las fuerzas submarinas del Señor son especialistas. Tratan con cosas que suceden en esferas que nuestras mentes naturales no pueden entender. Pocas personas en la iglesia son llamadas a operar en esta esfera. Tratar con espíritus marinos, submarinos y de agua requiere oponerse a una brujería de alto nivel.

No entraré en detalles sobre este tema en este libro. Creo que la iglesia no está preparada para la realidad de lo que realmente sucede en el agua bajo la tierra. Como mencioné anteriormente, el hombre fuerte de esta región se llama la reina de la costa. Hay personas que han considerado que han vendido sus almas al diablo y que sabrían exactamente de lo que estoy hablando.

Lo que quiero decir es que esta esfera existe. Las fuerzas submarinas del Señor son agentes secretos que se entregan a sí mismos a toda la verdad. Son capaces de discernir tanto el bien como el mal; operan en niveles en la esfera espiritual de los que la iglesia en general no es consciente. Ellos van más profundamente de lo que pueden entender, y enfrentan sus caras contra las abominaciones que se producen bajo el agua. En Hebreos 5:11 Pablo dijo que él realmente quería decirle a la gente en la iglesia más de lo que estaba diciendo, pero que no podía hacerlo porque ellos eran perezosos en la perspectiva espiritual. Los acusó de haberse vuelto adictos a la leche. En el capítulo 6 de Hebreos aconsejó a la iglesia que procediera a una enseñanza avanzada.

Hay tiempo para la leche, pero la iglesia en general ha estado tanto tiempo bebiendo del biberón que la leche ha comenzado a agriarse en sus estómagos. Muchos miembros de la iglesia hasta quieren que los pastores les calienten su leche y se la den. Vivimos en los últimos tiempos, y los corazones de los hombres les fallarán por temor porque han estado demasiado tiempo bebiendo leche. No todos son llamados a tratar con la guerra espiritual bajo el agua; pero, por otro lado, debe haber un despertar en cuanto a que el mal existe en esta esfera, y que afecta a las vidas de las personas en la tierra.

La última esfera de la que me gustaría hablar es la que está debajo de la tierra. El hombre fuerte del infierno es llamado la reina del infierno. Despacha órdenes para las puertas del infierno desde el núcleo del infierno. La Biblia nos alienta diciendo que las puertas del infierno no prevalecerán contra la iglesia (Mateo 16:18). Esas puertas están en el centro de la tierra, y tienen portales o torbellinos por los cuales viajan los demonios. Esas puertas tienen llaves, y nosotros las poseemos. Nosotros tenemos las llaves de la muerte, el infierno y la tumba. Eso significa que tenemos autoridad sobre el tráfico de demonios de los torbellinos del infierno.

Todo creyente debe ser un alistado general en las fuerzas armadas del Señor. Dios no toma guerreros de fin de semana o soldados a media jornada. Él no recluta guardacostas para que paseen en el borde. Él está buscando buques que estén dispuestos a salir a aguas profundas.

Algunas personas dicen que no es necesaria toda esa guerra espiritual o que no quieren participar en la guerra. Permite que le recuerde esto: ¡No hay zona desmilitarizada en el espíritu! El enemigo no pasará por alto a sus hijos porque usted no participe. Está usted en esta batalla lo quiera o no. Usted es hecho a imagen de Dios, y cada vez que el diablo le ve, luchará contra usted, aunque sea solo porque usted le recuerda a Dios. Finalmente, tendrá que luchar o ser derrotado. No trate de ser un soldado solo o un llanero solitario. ¡Tome una decisión consciente de unirse a las fuerzas del Señor!

DE UNA MENTALIDAD TÁCTICA A OTRA ESTRATÉGICA

Para operar en la guerra espiritual eficaz en los últimos tiempos, la iglesia debe cambiar de una mentalidad táctica a otra estratégica. En años pasados hemos adoptado una perspectiva táctica de la guerra espiritual en la iglesia. Para definir la palabra *táctica*, es importante ver la raíz: *tácticas*. La definición de *tácticas* es "tener métodos especializados". La iglesia ha dependido de los métodos especializados de ciertos individuos sobresalientes en la iglesia para lanzar ataques contra el enemigo. Eso es bueno hasta cierto punto. Necesitamos soldados ungidos en el frente del ministerio para ser punta de lanza de poderosos movimientos de Dios. El problema es que el propósito de la punta de lanza es abrir camino para que los soldados pasen.

Realmente necesitamos una revelación del poder de los números. Un soldado puede hacer huir a mil (sin importar cuál sea el rango); dos soldados pueden hacer huir a diez mil. Un ejemplo de un enfoque táctico en la guerra espiritual son los esfuerzos de una persona para ganar almas. Una persona solo puede tocar ciertas vidas; esa persona puede tener dones y ser diestra en su método, pero estará limitada en cuanto al número de personas que puede alcanzar.

Por favor, no me malentienda. Necesitamos individuos diestros que sean tácticos por naturaleza, pero eso es solo el comienzo de la estrategia general de Dios. La estrategia de Dios es que nosotros planeemos, administremos y dirijamos un esfuerzo conjunto que sea ventajoso para todo el Cuerpo de Cristo. No tenemos que debatir sobre ello, porque Él lo bosquejó en Efesios 4:11-15:

> Y él mismo constituyó a unos, apóstoles; a otros, profetas; a otros, evangelistas; a otros, pastores y maestros, a fin de perfeccionar a los santos para la obra del ministerio, para la edificación del cuerpo de Cristo... para que ya no seamos niños fluctuantes, llevados por doquiera de todo viento de doctrina, por estratagema de hombres que para engañar emplean con astucia las artimañas del error, sino que siguiendo la verdad en amor, crezcamos en todo en aquel que es la cabeza, esto es, Cristo.

Es importante observar que Dios tiene una estrategia para que su Iglesia cumpla su misión en la tierra. Todas las estrategias tienen objetivos que se mueven hacia la madurez de la estrategia. El objetivo de Dios para la iglesia es equipar a santos individuales para que lleguen a la madurez. El propósito de esa equitación es para la obra del ministerio. El objetivo final de la obra del ministerio es edificar a todo el Cuerpo de Cristo.

Una mentalidad estratégica es una mentalidad apostólica. En otras palabras, los líderes con mentalidades apostólicas no están satisfechos con una naturaleza táctica; no están distraídos por el hecho de que tengan dones y atraigan coronas por sí mismos. El corazón de un líder con una mentalidad apostólica es incorporar una estrategia para multiplicar su don entrenando a otros para que hagan eso mismo.

Un líder con una mentalidad táctica queda satisfecho solo con la adición. Mientras el ministerio esté creciendo, esté entrando dinero y el prestigio vaya siendo mayor, todo le parece bien. Por otro lado, un líder con la estrategia de Dios en su corazón busca la multiplicación. ¡La adición no es suficiente! Si suma usted diez y diez tendrá veinte. Si multiplica diez por diez tendrá cien. Así es en el Espíritu. Dios nos mandó ser fructíferos y multiplicarnos. La iglesia ha estado produciendo durante demasiado tiempo ministerios que son calcados. Cuando otro ministerio llega con este patrón, no es parte del plan de multiplicación de Dios. Solo es otra adición.

Las tácticas pueden estar atadas por el reglamento, pero las estrategias necesitan creatividad. Dios está dando a su iglesia estrategias creativas que nos llamarán a ser todo lo que podemos ser. El ejército de los Estados Unidos tiene un eslogan: "Sé todo lo que puedes ser". Quienes reclutan prometen que si uno tiene algún potencial, el ejército lo hará salir.

Eso es lo que hacen los apóstoles. Las personas que tienen mentalidades no apostólicas viajan solamente liberando su unción a la gente. Eso es bueno hasta cierto punto, y yo creo en la impartición; pero el objetivo final que Dios tiene para todos sus hijos es que sean *todo aquello para lo que Dios los creó*. Los líderes con mentalidades apostólicas tienen la capacidad no solo de impartir lo que tienen a una persona, sino también de llegar al interior de esa persona y sacar lo que Dios puso ahí desde antes de la fundación del mundo.

La gente necesita algo más que impartición; necesita activación. Necesita que lo que ha estado latente en sus vidas sea encendido. Uno no tiene que ser un apóstol para activar a las personas a seguir su llamado, pero sí tiene que tener una mentalidad apostólica. Con esa mentalidad es difícil limitar la "obra del ministerio" a nuestras iglesias individuales. No estará limitada a la obra en su ciudad. La estrategia de Dios es que secuestremos regiones y naciones para el Señor Jesucristo. Muchas personas se han enfocado en la vida del Reino, pero no han entrado en el dominio del Reino. Eso nos lleva fuera de nuestros hogares, vecindarios, iglesias y ciudades. El dominio del Reino nos da las naciones como nuestra herencia.

Hay muchos estatus para los soldados en el ejército. El único estatus por el cual los soldados reciben un salario es el de "militar en servicio activo". Los soldados deben ser activados para recibir sus beneficios militares. Muchos en el Cuerpo de Cristo no están experimentando los beneficios de la salvación, porque tienen potencial que yace latente en sus vientres.

Quiero terminar este capítulo con dos pasajes que avivarán el potencial que haya en su vientre para que haga su parte en el Reino. Aprendemos en Efesios 4:16 que todo santo (soldado) tiene una parte en el plan de Dios para su iglesia. Nos dice que cuando el cuerpo está adecuadamente conectado, cada articulación le proporciona a otras partes del cuerpo aquello que produce abundancia.

> Y a Aquel que es poderoso para hacer todas las cosas mucho más abundantemente de lo que pedimos o entendemos, según el poder que actúa en nosotros.
>
> —EFESIOS 3:20

> El ladrón no viene sino para hurtar y matar y destruir; yo he venido para que tengan vida, y para que la tengan en abundancia.
>
> —JUAN 10:10

Estos dos pasajes hablan de una palabra: *potencial*. *Potencial* se define como "aquello que puede ser pero aún no es". ¿Cuánto potencial del Cuerpo de Cristo se ha ido a la tumba? Efesios 3:20 dice que Dios puede hacer mucho más abundantemente de lo que podamos pensar o pedir, pero es condicional. La condición se basa en el poder que actúa en nosotros; no se basa en el poder que existe solo, sino en el poder que ha sido activado desde el interior y está funcionando.

¡Es entonces cuando conseguimos los beneficios! La palabra *poder* es *dunamis*, y significa poder dinámico. Dios ha puesto dinamita en muchas personas que nunca han sido encendidas. Si no ha sido encendido, permanece latente. ¡El poder latente no obtiene resultados! Solo el poder que está funcionando (o haciendo algo) le da a Dios la capacidad de hacer mucho más abundantemente de lo que pedimos o pensamos.

Puede que para algunos esto sea difícil de imaginar, pero cuando nos encendemos, eso enciende al Espíritu Santo. ¿Está usted esperando a que Dios le use? Permita que le dé una revelación: Dios le está esperando a usted. Cuando cumplimos el llamado de Dios en nuestra vida, eso enciende la vida abundante. Es la voluntad de Jesús para nosotros que tengamos vida abundante, pero Juan 10:10 enseña que esto también es condicional. Dice que Jesús vino para que podamos tener vida abundante. La palabra *podamos* es *dunamai*, y significa potencia. Jesús nos dio el potencial, y lo que nosotros hagamos con él determina el tipo de vida que vivimos. *Vida abundante* es *perissos* en griego, y significa vivir una vida violenta y excesivamente superabundante. Dios no nos ha llamado a sobrevivir de cualquier modo. Él nos ha llamado a esforzarnos ¡y estar llenos de *perissos*! El potencial está en el interior de usted, pero debe usted estar adecuadamente conectado y activado. Incluso si está usted lleno de poder, si no está enchufado a su lugar en el Cuerpo de Cristo, solo permanecerá latente.

Al terminar este capítulo, haga esta oración conmigo:

En el nombre de Jesús, me pongo de acuerdo con lo que acabo de leer. Transiciono desde una posición táctica en el espíritu a otra estratégica. Padre, te doy gracias por la alineación divina y la situación adecuada en el Cuerpo de Cristo, a fin de que mis necesidades espirituales, físicas, mentales, emocionales y financieras sean satisfechas.

Le hablo a cualquier cosa que Dios me haya llamado a hacer y que esté latente en mi vida. La fe viene por el oír la Palabra, y yo he oído las palabras de este capítulo. No solo seré un oidor, sino un hacedor de lo que he leído. El potencial de Dios en mi interior y aquellos a los que soy llamado a influenciar no se irán a la tumba. Hará lo que Dios le ha llamado a hacer en la esfera terrenal.

Padre, te doy gracias por hacer claro para mí mi tarea personal en el cuerpo. Desde este momento en adelante, soy un soldado en servicio activo en el ejército del Señor. Todos los beneficios que han estado retenidos hasta ahora me serán restituidos siete veces más. Recibo mi paga de acuerdo a Proverbios 6:31 ahora, ¡en el nombre de Jesús!

Felicidades, ¡ha sido usted activado en el ejército del Señor!

CAPÍTULO 16

Romper el poder de los círculos viciosos

Cortar al enemigo desde la raíz

A propósito he dejado este tema para el último capítulo de este libro. Si ha completado usted los primeros capítulos, ha sido llevado a nuevos niveles en Dios en la guerra espiritual. Este capítulo le ayudará a tratar con la reacción en contra, la represalia y la venganza del enemigo. Es muy importante entender cómo romper los círculos viciosos. Muchas personas viven bajo el poder de los ataques recurrentes y nunca toman autoridad sobre ellos. Este capítulo le ayudará a cortar los ataques del enemigo desde la raíz.

Efesios 2:2 dice:

> En los cuales anduvisteis en otro tiempo, siguiendo la corriente de este mundo, conforme al príncipe de la potestad del aire, el espíritu que ahora opera en los hijos de desobediencia.

Muchos argumentarían que este pasaje solo habla de las personas del mundo. Ruego poder diferir. Debido a que habla de los descuidados, los rebeldes y los incrédulos, tengo que adoptar la posición contraria. Hay demasiadas personas en la iglesia que encajan en esas categorías. Estoy de acuerdo en que Pablo está hablando de alguien que solía estar en ese estado, ¡pero mi objetivo es hablar a quienes aún siguen luchando! Pablo menciona un curso habitual. Para sacar a las personas de los cursos habituales, debemos romper los círculos viciosos. Puede que sea usted un ministro que esté tratando de romper una adicción, o un hombre de negocios que no pueda vencer los pensamientos de suicidio. Sin importar quién sea usted o con lo que esté luchando, este capítulo es la respuesta a sus oraciones.

Una importante parte de la intercesión es la de romper terreno improductivo a fin de que las personas puedan ser liberadas. Esta obra debería hacerse antes de una liberación o de una sesión de consejería. Muchas personas trabajan demasiado tiempo en liberar a los cautivos porque nadie ha pagado el precio en oración. Hay que penetrar en fortalezas del enemigo antes de poder derribarlas. Debe derribarse toda imaginación antes de poder penetrar en las fortalezas.

Las fortalezas están formadas por imaginaciones. La intercesión debe hacerse por individuos atados antes de que éstos tengan la capacidad de derribar imaginaciones. La intercesión rompe el terreno improductivo de la mente del individuo antes de que comience el verdadero ministerio.

Romper el terreno improductivo significa labrar la concentración de ataduras que se han establecido. El terreno improductivo debe ser roto en las mentes de los predicadores que son adictos a la pornografía, o de los diáconos que abusan de niños en la iglesia. Parece impensable que personas que estén en esos puestos hagan esas cosas; pero ese tipo de pecados suceden porque la gente está atada por círculos viciosos.

La parte triste es que ellos son parte de algo que es mucho mayor que su propio problema personal. Un diácono puede que abuse de niños en la iglesia porque abusaron de él cuando era niño en esa misma iglesia. Un predicador puede que esté atado por el material pornográfico porque su papá estaba en el ministerio y hacía lo mismo.

Se nos ha enseñado sobre las maldiciones generacionales, pero los círculos viciosos van más profundamente. No solo corren en la sangre; es un tipo de transferencia de espíritus que no necesita una línea familiar para pasar. El derecho legal de los círculos viciosos es mediante la asociación. La palabra *asociado* significa "conectar o tocar de alguna manera". El nombre del demonio que transfiere espíritus es Azazel, un espíritu del desierto en el Antiguo Testamento. Era denominado el chivo expiatorio.

Y echará suertes Aarón sobre los dos machos cabríos; una suerte por Jehová, y otra suerte por Azazel. Y hará traer Aarón el macho cabrío sobre el cual cayere la suerte por Jehová, y lo ofrecerá en expiación. Mas el macho cabrío sobre el cual cayere la suerte por Azazel, lo presentará vivo delante de Jehová para hacer la reconciliación sobre él, para enviarlo a Azazel al desierto.

—Levítico 16:8-10

El término *chivo expiatorio* está tomado de este pasaje, pero el significado de la palabra es "tomar la culpa". Los pecados del pueblo, por medio del macho cabrío, eran enviados al desierto a Azazel para su expiación. Los espíritus (pecados) eran transferidos.

Hollywood tomó nota de este principio en la película *The Fallen*, donde Denzel Washington hacía el papel protagonista. Un demonio llamado *Azazel* se transfería de persona a persona siempre que la persona con el espíritu entraba en contacto con otra persona. Ese espíritu se transfería durante generaciones aunque no hubiera relación familiar. El pecado es contagioso, y en muchos ambientes de sectas se denomina *magia contagiosa*. ¡Yo lo llamo círculos viciosos!

Al igual que en Efesios 2:2, las personas están atadas bajo una influencia o tendencia, y ni siquiera son conscientes de ello. Aunque debemos hacer la guerra espiritual a nivel de tierra de echar fuera demonios, el poder de la influencia y la tendencia debe ser roto. Las personas deben ser desconectadas de la potestad del aire. Cristianos e incrédulos igualmente están atados de esa manera. Si un cristiano opera en rebelión, descuido o incredulidad, cosechará el fruto de las semillas que haya plantado. La Escritura es clara en esto:

No os engañéis; Dios no puede ser burlado: pues todo lo que el hombre sembrare, eso también segará.

—GÁLATAS 6:7

¿Cómo intercedemos por personas que están bajo el poder de los círculos viciosos? Un enfoque es maldecir al espíritu de Azazel hasta la raíz, y enviarlo al desierto. Mateo 12:43 enseña que los demonios buscan lugares secos después de ser expulsados. Esa es la palabra *anudros* en griego, y se refiere a lugares sin agua (sin espíritu) en una persona que daría lugar a que los demonios volvieran a entrar. En el caso de Azazel, *¡envíelo al desierto!* Él necesita el siguiente cuerpo donde desarrollarse, y en el desierto espiritual al cual le enviamos no hay vida humana. Su círculo será roto hasta la raíz.

HAY QUE TRATAR LAS MALDICIONES EN LA RAÍZ

En Marcos 11:21 Jesús maldijo a la higuera hasta la raíz. No estaba haciendo lo que era llamada a hacer. La rebelión es lo mismo que el pecado de brujería. La brujería se levanta contra la verdad, y se infiltrará en las vidas de creyentes si se cruzan las líneas.

No, el diablo no puede cruzar las líneas trazadas por la sangre de Jesús, ¡pero nosotros sí podemos! Eclesiastés 10:8 dice que quien atraviesa por un vallado será mordido por una serpiente. No podemos cruzar al territorio enemigo y pensar que estaremos cubiertos. No se engañe sobre lo que es el territorio enemigo. Territorio enemigo es cualquier lugar en el que intente usted caminar fuera de la voluntad de Dios. Recuerde esto: Si Dios no le envió, está usted solo, y el enemigo tiene derecho legal a tratarlo a usted como él quiera.

Aun si está usted operando en su territorio asignado, siempre preste mucha atención al detalle. El enemigo no juega según las reglas. Si Lucifer se rebeló contra Dios en el cielo, puede que no sienta mucho respeto por usted en su casa o en su iglesia. ¡Debe usted hacer que le respete! El enemigo respeta la autoridad y el discernimiento. Cuando tiene usted ambas cosas fluyendo en su vida, eso aterroriza a las tinieblas.

Saúl inició su rebelión por desobedecer a Dios en las cosas pequeñas. Ese acto finalmente le condujo a consultar a espíritus familiares. Las pequeñas zorras echan a perder toda la viña (Cantares 2:15), y un poco de levadura leuda toda la masa (1 Corintios 5:6). Acán desobedeció a Dios, y eso hizo que una pequeña nación llamada Hai hiciera que Josué y su ejército campeón cayeran (ver Josué 7). Acán, su familia y todas sus posesiones fueron quemadas (malditas) hasta la raíz. Eso se llama *cauterización espiritual*, y ocurre cuando usted quema y sella el poder de la maldición.

TRATAR CON HIDRAS DEMONÍACOS

La táctica definitiva de guerra espiritual al tratar con un círculo vicioso es romper el poder del hidra. Cuando yo comencé por primera vez a hacer guerra espiritual, el Señor llevó mi corazón a entender que la brujería y los ataques recurrentes necesitan ser quemados hasta la raíz. Antes de ser salva yo estaba fascinada con la mitología griega.

Hace muchos años, Dios trajo a mi memoria el mito griego sobre Hércules y el hidra. Comencé a romper el poder del hidra cuando participaba en la guerra espiritual. Aunque se dice que el hidra es una criatura mitológica, yo sé que es un espíritu con el que hay que tratar para romper círculos viciosos.

Recientemente oí al obispo Tutor Bismark mencionar el hidra en uno de sus servicios. Quedé sorprendida, porque nunca había oído a un predicador mencionar el hidra. Dios impulsó mi corazón a mirar con más profundidad a la revelación del hidra, a fin de que los intercesores supieran cómo romper el poder de las maldiciones recurrentes.

A Hércules se le asignó que luchara contra esa espantosa criatura con nueve cabezas. Cada vez que Hércules cortaba una cabeza al monstruo, crecían dos cabezas más en el lugar donde solía haber una. Eso representa la multiplicación demoníaca de los problemas. ¿Puede imaginar librarse de un problema, y en el mismo lugar donde solía residir que nazcan de inmediato dos problemas similares?

El verdadero problema con la brujería del espíritu del hidra es que el problema ocurre con un efecto dominó. Nadie que esté implicado tiene un respiro. El objetivo del hidra es agotarlo. Cuando las personas se agotan, se derrumban.

También descubrí que un hidra es un tipo de monstruo marino y una constelación en el cielo. Eso significa que tenemos que tratar con hidras bajo el agua y con hidras en el aire. Por tanto, ¿cómo comenzamos a tratar con los problemas de nueve cabezas que nos llegan desde todas direcciones? ¡Lo hacemos una por una!

Cada cabeza del hidra representa algo. Si quema usted cada cabeza en la raíz de la situación que esté tratando, tendrá garantizada la victoria en esa área.

Las nueve cabezas del hidra

1. *La unidad de alianzas malvadas debe ser destruida.* Confusión y división debe enviarse contra las obras y los planes del enemigo. En Génesis 11:4 Dios envió confusión para detener los malvados planes de la gente en la torre de Babel. Hubo también muchas otras veces en que Dios envió confusión al campamento enemigo a causa de su pueblo.

2. *Destruir la doble porción demoníaca.* La doble porción demoníaca se explica en Mateo 23:15. Este pasaje dice que algunas personas religiosas buscan de todos modos ganar un convertido a Cristo. Después de haber ganado a la persona para Cristo, hacen que esa persona sea doblemente infernal de lo que ellas son. La doble porción demoníaca está arraigada en personas que fingen estar en Cristo, pero son malvadas. Reconozca quién está siendo usado por este espíritu, y trátelo. Una de las flechas más comunes

contra los santos es "el fuego amigo". Esas flechas vienen de aquellos con quienes nos abrimos y en quienes confiamos.

El capítulo 16 de Jueces dice que los señores de los filisteos pagaron a Dalila para que sedujera a Sansón. Esta palabra en particular, *seducir*, significa "abrirse mentalmente y moralmente". Para que las flechas de las personas malvadas nos afecten, tenemos que abrirnos a ellas. Es un trabajo desde el interior.

3. *El tres es representativo de la trinidad. La trinidad demoníaca es denominada un tipo de cuerda de tres hilos.* También hay cuerdas de tres hilos piadosas. Al tratar con la tercera cabeza del hidra, debemos romper la relación con toda cuerda triple demoníaca. Eclesiastés 4:12 afirma que los cordones de tres cuerdas no se rompen fácilmente. Deshaga esta conexión. Los demonios ganan poder al agruparse. Corte su alianza, y ellos estarán indefensos.

4. *Job 38:12-13 enseña que podemos ordenar a la mañana a fin de que el amanecer conozca su lugar y la maldad sea expulsada de los cuatro extremos de los cielos.* Al tratar con la cuarta cabeza del hidra, la maldad debe ser expulsada de los cuatro extremos de la tierra con respecto a lo que esté usted tratando. En este tipo de guerra espiritual tratamos en los cielos, porque como mencioné anteriormente, un tipo de hidra es un grupo de estrellas o una constelación.

5. *El número cinco es el número de la gracia.* Cuando esté tratando con la quinta cabeza del hidra, debe salir contra la gracia demoníaca. Cauterice cualquier lugar, tiempo o favor que las tinieblas hayan podido hacer que obre contra usted. En el Salmo 41:10-11 el salmista oró: "Ten misericordia de mí, y hazme levantar, y les daré el pago. En esto conoceré que te he agradado, que mi enemigo no se huelgue de mí". Maldiga el favor de las asignaciones demoníacas hasta la raíz. Declare los esfuerzos del enemigo sin favor, y sus intentos no serán fructíferos.

6. *El sexto día el Señor terminó la obra. La falsificación de este principio es la obra terminada de las tinieblas.* ¡Ate la obra terminada de las cosas que obran contra usted! Declare que su enemigo no terminará, y que su obra será una burla manifiesta.

7. *El siete es representativo de un día de descanso.* En una

ocasión estaba orando por un joven, y el demonio habló a través de él diciendo: "¡Me has despertado!". Los demonios desean ocupar lugares de descanso en nuestras circunstancias y situaciones. Profetice insomnio espiritual contra sus enemigos. Todo gigante durmiente que esté obrando contra usted debe ser despertado y atormentado cuando trate con la séptima cabeza del hidra. ¡No dé a sus enemigos lugar para descansar!

8. *El ocho es el número de los nuevos comienzos.* La octava cabeza del hidra es muy importante. Esta cabeza les da a las otras cabezas la capacidad de reproducirse mediante la unción de los nuevos comienzos. Es así como una nueva cabeza continúa creciendo cada vez que otra es cortada. Hay un nuevo comienzo demoníaco, y debe ser cauterizado. Cuando haya tratado con la octava cabeza del hidra, experimentará menos reacciones contrarias, represalias y venganza del enemigo.

9. *El nueve es el número del nuevo nacimiento.* El poder de la capacidad del hidra para dar nacimiento debe ser destruido. Ore por un aborto espiritual a fin de que los planes del enemigo no se lleven a cabo hasta el final. Un nombre para un bebé demonio es *cambion.* Es la semilla de Satanás. Maldiga el cambion hasta la raíz antes de que nazca, y nunca llegará a existir. La fertilidad de los órganos reproductores de la novena cabeza quedará estéril.

ORACIÓN PARA ROMPER LOS CÍRCULOS VICIOSOS

Padre, te doy gracias porque el poder de cada maldición recurrente es roto. Maldigo al espíritu de Azazel, y lo envío al desierto. No volverás a transferirte; no te transferirás mediante generaciones, asociaciones o encantamientos. Quemo y sello tu tarea en el nombre de Jesús.

Ruego la sangre sobre las mentes de todas las personas implicadas. Ordeno a la tierra improductiva de sus corazones y mentes que sea rota. Saco toda raíz del terreno que causaría que la maldición se extendiera bajo el terreno.

Corto la alianza de la unidad del enemigo, y envío disensión, confusión y motín al campamento enemigo.

Que no haya acuerdo en la fortaleza de la casa del círculo vicioso. Decreto y declaro que la doble porción demoníaca no se manifestará. Que la unción demoníaca del círculo vicioso sea desconectada. Que haya en medio de ella brechas. Cierro la autoridad de los demonios que envían falsos vientos desde los cuatro extremos de la tierra. Que el ruwach de Dios los tome. Con la muerte en mi lengua, digo que no hay gracia para los enemigos que supervisan esta maldición. La gracia demoníaca es atada, y no habrá tiempo, recursos o favor que obren contra la voluntad de Dios.

La obra terminada del círculo vicioso nunca será completada. Pronuncio incompleto, deficiencia, carencia, inmadurez, falta y fracaso de todo aquello que trate de mantenerla avivada.

Ordeno al viento que refuerza el círculo vicioso que sea retraído al torbellino del que salió.

Declaro que el hombre fuerte y los demonios que están asignados al círculo vicioso no tienen descanso. No habrá nuevo comienzo o nuevo nacimiento. Maldigo la matriz del círculo vicioso y declaro estéril su vientre.

Cada cabeza del hidra es cauterizada sobre la tierra y debajo del agua. Que el horizonte sobre las aguas sea cubierto con la sangre de Jesús, a fin de que los hidras del aire y los hidras del agua no estén de acuerdo en la esfera terrenal. Oro en el nombre de Jesús, amén.

El esperma de la Palabra

Cuando alguno oye la palabra del reino y no la entiende, viene el malo, y arrebata lo que fue sembrado en su corazón. Este es el que fue sembrado junto al camino.

—Mateo 13:19

Este pasaje relata la parábola del sembrador. La Biblia dice que la persona en este pasaje oyó la Palabra de Dios, pero no la entendió. La palabra entender es *suniemi*, y significa ser sabio con lo que se oye y tomarlo en consideración. Debido a que esa persona no tomó en consideración lo que oyó, el maligno se llevó lo que se había sembrado. La semilla de la Palabra nunca fue plantada, y por eso no hubo crecimiento. Los creyentes deben obtener una revelación de la semilla de la Palabra. El enemigo va tras eso. Las visiones, sueños y profecías personales que Dios nos da son como óvulos esperando ser fertilizados. La semilla o *esperma* (esperma espiritual) de la Palabra debe fertilizar esos sueños, visiones y profecías para que se produzca la concepción.

Mateo 13:24 nos dice que el Reino de los cielos es como un hombre que siembra semilla en su campo. Prosigue diciendo que mientras el hombre dormía, su enemigo llegó y sembró mala semilla en el mismo campo. Cuando la mala semilla se extendió, el hombre estaba perplejo al pensar cómo podía sembrar buena semilla y terminar con mala semilla entremedias. La palabra semilla es *esperma*, y representa una liberación de la semilla. ¡Yo la denomino una palabra espermática!

También debemos echar un vistazo a otra palabra griega para

semilla, y es *spiero*. *Spiero* significa "semilla recibida". *Spiero* está relacionada con la palabra *espiral*, porque se traga todo lo que es liberado para recibirlo. Es fácil imaginar que la semilla de la Palabra debe ser liberada y recibida para que se produzca la concepción. Una visión que no es concebida finalmente morirá en la guerra. Otra palabra para *concebir* es comprender, o ser capaz de imaginar. Muchos confiesan la Palabra de Dios pero no pueden realmente imaginar las cosas que su boca pronuncia.

Usted realmente tiene que ser capaz de ver o imaginar aquello para lo cual le está creyendo a Dios. Si no puede verlo, no lo logrará. Esto es concepción espiritual. El cuadro de su promesa tiene que ser tan real para usted como lo es mirar en el espejo. ¡Es difícil detener a un hombre que puede ver lo que cree!

El diablo llega de inmediato para hacer todo lo posible por evitar que imaginemos las promesas de Dios. La iglesia no habla lo suficiente sobre la imaginación positiva. Son imágenes en nuestras mentes que nos atraen hacia nuestro destino. Cuando yo era velocista, solía correr mi carrera una y otra vez en mi mente. Cuando llegaba el momento de situarme en la línea de salida, ya había ganado mi carrera miles de veces. Podía visualizar mi victoria, y eso reforzaba mi confianza. Como intercesores debemos ser capaces de ver las cosas para las cuales estamos creyendo a Dios. Debemos ver por nosotros mismos, y por otros por quienes somos llamados a estar en la brecha. *Spermalogos* es otra palabra griega para semilla; es un tipo de cizaña. Una cizaña es una mala hierba que finalmente ahoga la verdadera semilla; es la falsificación del *esperma* de la Palabra. Va a la tierra igual que una semilla normal, y uno no puede decir que es una mala hierba hasta que brota. Detrás de los bastidores (bajo tierra) maniobra para ahogar la vida de la semilla genuina. Por eso el hombre en la parábola estaba sorprendido de tener malas hierbas en medio de su semilla. Cuando la verdadera semilla es plantada, produce fruto que es agradable a Dios. Ese fruto habla vida.

El fruto de *spermalogos* es la conversación frívola, el chisme y palabras que quitan la visión de Dios. El fruto de *spermalogos* es también superficial, vacío, frívolo y necio. Debemos estar atentos al tipo de semillas que plantamos en nuestras vidas de oración. La mala semilla ahogará a la buena. Recuerde: cualquier cosa que se siembre crecerá. Proteja su jardín espiritual de la maldición de *spermalogos*. El enemigo viene con tanta rapidez a robar la Palabra de Dios que la consigue cuando está en su etapa de semilla. La prosperidad del Señor es cosechar de lo que ha sido sembrado. Si está usted sembrando y no cosecha, hay algún enemigo en algún lugar detrás de bastidores destruyendo su ganancia.

DEJAR ATRÁS GAZA

El gozo definitivo del diablo es destruir su semilla. Es algo terrible sembrar y no cosechar; es el fruto del espíritu de pobreza. En Jueces 6:3 la Biblia dice que cada vez que el pueblo de Israel sembraba su semilla, los madianitas destruían su ganancia, y no dejaban alimento para el pueblo de Israel. Este pasaje concretamente dice que su ganancia solo podía ser destruida hasta Gaza. Pueblo de Dios, para experimentar verdadera prosperidad, ¡*debemos dejar atrás Gaza!* Su semilla es preciosa, y por eso el diablo llega de inmediato para robarla. Él es un ladrón de semillas. Su objetivo es destruir la semilla, porque sin ella usted siempre tendrá necesidad. Donde no hay semilla, no hay multiplicación.

La buena noticia es que el enemigo tiene limitaciones. En este caso, era un lugar llamado Gaza. Gaza significa "el lugar de la fuerte voluntad", y es un espíritu territorial. Los espíritus territoriales están limitados a jurisdicciones de autoridad basadas en el territorio. Si puede usted pasar y dejar atrás su jurisdicción de autoridad, ellos no tienen gobierno sobre usted. Tiene que pasar Gaza. Es como dejar atrás la frontera de un país donde las leyes son distintas. Cuando pasa usted Gaza, la ley espiritual anula el derecho del enemigo a destruir su ganancia. Aunque Gaza es un lugar natural, representa un lugar en el espíritu.

Jueces 6:6 habla de la gran pobreza de Israel. El espíritu de pobreza es una maldición, y debe ser expulsada del pueblo de Dios. Como mencioné anteriormente, hay demasiados intercesores necesitados. Todos tenemos necesidades, y es la voluntad del

Padre satisfacerlas. La necesidad a la que me refiero es un *espíritu de necesidad*. Esto significa que han un demonio que mantiene a la gente en constante necesidad hasta el punto de ser distraída de su propósito. La necesidad que le distrae de su propósito es demoníaca y no debería tolerarse.

Los israelitas clamaron a Dios por liberación. Debido a que la pobreza es un espíritu, las personas que están atadas por él deben ser liberadas. La pobreza es una mentalidad. La fortaleza de la pobreza no está en las manifestaciones, sino en lo que realmente ocurre tras el telón. La pobreza no solo atenaza bolsillos; atenaza la mente.

Jueces 6:15 nos dice que la familia de Gedeón era la más pobre en Israel, y sin embargo Dios le escogió para sacar a su pueblo de la atadura. Gedeón tenía que dejar atrás las circunstancias que estaban delante de él. Para ser librado de la pobreza, tenía que cambiar su modo de pensar. Esa era su frontera espiritual de Gaza. El enemigo solo puede atarlo hasta el punto en que su mente le limite.

Al estudiar, descubrí que Gaza es actualmente uno de los lugares de mayor pobreza en el mundo. Las Escrituras declaran que Dios maldijo la tierra de Gaza para que fuese baldía. Los filisteos comerciaban con el pueblo de Dios como esclavos, y Dios pronunció juicio eterno sobre ellos. Hoy día la maldición es tan prevalente que la gente no puede conseguir empleos allí. Gaza está situada entre Egipto e Israel. Aun hoy, a cualquiera que nazca en Gaza no se le permite la entrada a Israel. Tienen que quedarse en Gaza o irse a Egipto.

Yo creo que hay un significado espiritual en todo esto. Aunque Gaza está entre Egipto e Israel en lo natural, la Gaza espiritual está establecida igualmente. Egipto representa al mundo; Israel representa la Tierra Prometida, y Gaza es un tipo del desierto en el espíritu. Todos los creyentes tienen un Egipto del que han salido, pero deben atravesar Gaza para llegar a su Jerusalén en el espíritu.

Aunque puede que usted esté pasando por una experiencia en Gaza mientras ha leído este libro, avance y déjelo atrás. ¡Debe dejar atrás Gaza! Si se queda donde está, el enemigo tiene el derecho de destruir su ganancia.

Sansón era nazareo separado para el Señor, pero perdió su

unción en Gaza. Todo comenzó cuando entró al prostíbulo en Gaza. Sus padres le advirtieron de que no se complaciera con mujeres extranjeras. Poco después se enamoró de otra mujer en Gaza: Dalila. Mediante las puertas abiertas en esa relación, él quedó atado, ciego, fue echado en la cárcel y finalmente murió en Gaza. Gaza es conocido como el lugar de los incircuncisos. Sea circuncidado y separado para el Señor. Permita que el Señor les guarde a usted y a sus hijos de lo que es maldito.

Al terminar, me gustaría hacer hincapié en que durante el tiempo en que Israel sufría una gran pobreza, Dios les envió un profeta. El profeta les recordó que Dios los había sacado de Egipto (Jueces 6:8). Gedeón le preguntó a Dios que si Él estaba con ellos, entonces por qué les sucedían cosas malas. Preguntó: "¿Dónde están los milagros de los que nuestros padres nos hablaron?". Hasta preguntó: "¿Realmente nos sacó el Señor de Egipto como nuestros padres nos han contado?".

Profeta de Dios, ¿recuerda de lo que Dios le ha sacado hasta este punto en su vida? No importa lo que usted haya experimentado, nunca olvide la bondad del Señor. Él ya ha hecho grandes cosas por usted. No permita que su situación actual le robe lo que Dios ya ha hecho. Sea agradecido. Un corazón que ora es un corazón agradecido.

No podemos entrar por las puertas de Dios por nada sin antes darle gracias por lo que Él ya ha hecho. Construya un memorial para usted y su familia, y dedíquelo a las bendiciones del Señor. Recuérdelas con sus hijos a fin de que ellos nunca cuestionen las bendiciones y la liberación del Señor. Tome notas de los milagros que Dios manifieste en su vida cotidiana, y transmítalos a sus generaciones. Eso capacitará a su línea de sangre para servir al Señor de todo corazón, en los tiempos buenos y en los malos.

Yo pronuncio bendiciones sobre todo aquello en que usted ponga su mano en el arado para hacer conforme a la voluntad de Dios. Lea las oraciones que hay al final de este libro (en voz alta) por su familia. Fertilizo su semilla con bendiciones y declaro que la boca del devorador está cerrada para siempre contra usted y sus generaciones. ¡Estoy aquí!

—Apóstol Kim

La oración de Gaza

Sitúo mi rostro contra el espíritu territorial de Gaza y las cosas que me mantienen en la batalla porque el enemigo no las soltará. ¡El "lugar de la fuerte voluntad" es destruido! Yo soy una oveja y no un cabrito. Estoy ungido para seguir a Dios de todo corazón.

Clamo la reprensión del Señor sobre los devoradores establecidos contra mí. Tomo autoridad sobre la tierra y profetizo a su vientre que me dé ganancia. Declaro alimento espiritual, físico, mental, emocional y material para sustituir cualquier área malnutrida de mi vida y de la vida de mi semilla. Hablo al espíritu de carencia y le ordeno cerrarse para que el estándar de Dios pueda elevarse.

Profetizo a todo lo que es apagado y sin terminar, y le ordeno que brille y sea completo. Ordeno a lo lento que sea avivado por el tiempo establecido por Dios. Resisto a los hijos del oriente, y digo que ellos no devorarán mis bendiciones. Destruyo toda fortaleza autoconstruida en mi vida con la muerte de mi lengua. Que sea un escalón hacia mi siguiente nivel.

Profetizo a lo delgado y le ordeno que sea gordo. Hablo vida a lo fallido y no hecho y le mando que sea transformado en aquello que me hará oír, entender y declarar la voluntad del Señor. Libero vida con mi lengua. Profetizo a las tinieblas y ordeno que venga luz. Profetizo a todo lo que está vacío en mi vida y le ordeno que se llene. Profetizo a lo que está muerto y dijo: ¡vive! Profetizo a aquello que está rebajado y oprimido y declaro que se levantará ahora. Profetizo a aquello que ha sido retenido y pongo presión para que avance. Daw lal (espíritu de pobreza), te mando que seas transformado en ye bool (prosperidad) en este momento, en el nombre de Jesús.

Una oración por
su semilla

*Me arrepiento de mis pecados y de cualquier iniquidad de
mi pasado o presente que pueda obrar contra las vidas de mis
hijos de manera negativa. Llamo a mis hijos por su nombre.
(Nombre a cada hijo en voz alta). Te doy gracias por la salvación, sanidad, liberación y prosperidad de mis hijos.*

    *Que cada cosa oculta que opera tras el telón sea expuesta
por el foco de luz del Espíritu Santo. Ordeno a cada pecado
generacional que sea desconectado de mi línea de sangre, ¡en
el nombre de Jesús! Maldigo a cada demonio hasta la raíz que
se haya transferido mediante el cordón umbilical, y ruego la
sangre sobre los ombligos de mis hijos. Las bendiciones fluirán
mediante su linaje, y las maldiciones son bloqueadas y atadas.
Cada devorador de destino es cortado de mi semilla.*

    *Mi semilla vivirá y cumplirá la perfecta voluntad de
Dios en esta tierra. El poder de la presión de grupo y de las
relaciones impías es roto y sustituido por la presión del Espíritu Santo y de una relación más cercana con Dios. Mis hijos
no están atados por el espíritu del mundo. Todo fetiche que
se oculte tras las modas es expuesto y se renuncia a él. Todo
círculo vicioso que gobierne sobre mi semilla por asociación,
encanto o generación es destruido por el torbellino del Señor.
Todas las palabras de maldición dichas en ignorancia o intencionadamente son cortadas de mis hijos para siempre.*

    *Cierro toda puerta ilegítima que haya sido abierta contra
ellos ahora. El favor no común y las puertas que el Señor haya
ordenado son totalmente abiertas. Mando a toda semilla
demoníaca, plan, pesadilla, presagio y falsa visión que hayan*

sido asignadas en los sueños de mis hijos que se sequen. Ruego la sangre de Jesús sobre mis hijos dondequiera que duerman. Incubus, Succubus, espíritus de abuso, de masturbación y otros actos perversos están lejos de ellos. Mi semilla es santa, separada para el Señor, y no puede ser contaminada por las tinieblas. La rebelión y la desobediencia no gobernarán sobre mi semilla. La enfermedad no gobernará sobre mi semilla. La pobreza y la carencia no gobernarán sobre mi semilla. Mi semilla tiene victoria sobre la muerte, el infierno y la tumba. ¡Las palabras de esta oración están programadas en los cielos para siempre! Amén.

Notas

Capítulo 3
Poner su dedo sobre el enemigo

1. Kimberly Daniels, *Clean House, Strong House* [Casa limpia, casa fuerte], (Lake Mary, FL: Charisma House, 2003).

Capítulo 5
Maniobrar en el Espíritu

1. Kimberly Daniels, *Libre para alcanzar su destino* (Lake Mary, FL: Casa Creación, 2004).

Capítulo 14
Autoridad espiritual en el ejército del Señor (Parte 2)

1. El apóstol John Eckhardt ha publicado un estupendo libro titulado *Marine Demons* [Demonios marinos] que habla acerca de los espíritus marinos, disponible en: www.impactnetwork.net o llamando a la oficina de Crusaders' Ministries el 708-922-0983.